Dietrich Schneider

Herr, dein Wort ist meines Fußes Leuchte ...

Dietrich Schneider

Herr, dein Wort ist meines Fußes Leuchte …

Andachten für Radio Jade

Fromm Verlag

Imprint

Cover image: Vom Autor bereitgestellt

Publisher:
Fromm Verlag
is a trademark of
Dodo Books Indian Ocean Ltd. and OmniScriptum S.R.L publishing group

120 High Road, East Finchley, London, N2 9ED, United Kingdom
Str. Armeneasca 28/1, office 1, Chisinau MD-2012, Republic of Moldova, Europe
Printed at: see last page
ISBN: 978-613-8-37897-6

„Herr, dein Wort ist meines Fußes Leuchte …“

Gesammelte Andachten für Radio Jade –
„Angedacht“

2012 bis 2019

von

Dietrich Schneider
Pfarrer der Kirchengemeinde Neuengroden

Vorwort

Schon in meinem Studium hatte ich die größte Freude an den biblischen Fächern.

Ich habe mich gerne mit der Bibel beschäftigt und freue mich bis heute daran, dass ich mich für die Predigt immer wieder neu mit biblischen Texten auseinandersetzen darf, um mir zu überlegen, wie ich mit ihnen den Menschen heute die gute Botschaft weitersagen kann.

Darum habe ich mich natürlich gleich von Anfang an in meinem Dienst als Pfarrer in Wilhelmshaven an den kleinen Andachten zum Sonntag, den „Worten zum Sonntag" in der Wilhelmshavener Zeitung beteiligt.

Es ist eine Herausforderung in so einer knappen Form das Wesentliche zu sagen.

Aber es ist auch gut, das zu üben, sich auf einen Gedanken zu konzentrieren und nicht zu viel gleichzeitig sagen zu wollen.

Darum habe ich mich auch gerne einladen lassen, daran mitzuarbeiten, als die Kollegen an der Christus-Garnisonkirche in Wilhelmshaven mit Radio Jade das Format „Angedacht" entwickelt haben.

In nur zwei Minuten Menschen eine gute Botschaft mit in den Tag zu geben, die jeweils dreimal pro Tag, am Morgen, am Mittag und am Abend gesendet wird, das hat mich fasziniert.

Und so habe ich mich gerne daran beteiligt.

Viele solcher Wochen habe ich in den letzten Jahren gestalten dürfen.

Und es hat mir jeweils Freude gemacht.

Dabei denke ich, dass man mich durch die erste Woche ganz besonders gut kennenlernen kann, da ich da über Bibelworte nachdenke, die mich besonders geprägt haben. In den weiteren Wochen habe ich mich dann oft nach dem Kirchenjahr gerichtet und sehr oft einfach von den täglichen Losungen anregen lassen.

Gottes Wort tut gut und ist immer wieder Hilfe zum Leben.

Ich hoffe, dass es Ihnen Freude macht, meine kleinen Gedanken und Anregungen hier gesammelt nachlesen zu können.

Wenn dieses Lesen Sie dann sogar dazu anregen kann, selbst in der Bibel zu lesen, dann freut mich das noch mehr. Ich wünsche viel Freude beim Lesen und gute Anregungen, sich immer weiter mit der Bibel zu beschäftigen.

1. Die erste Woche (15.10. bis 19.10. 2012)

Bibelworte, die mich in meinem Leben besonders geprägt haben.

Montag, 15.10. 2012 - Gottes Willen

„Auch das kommt her vom Herrn Zebaoth;
Sein Rat ist wunderbar, und er führt es herrlich hinaus.“ (Jesaja 28,29)

Dieses Wort hat mir Pfarrer Orth im Gemeindehaus am Schützenweg in Oldenburg bei der Taufe 1962 mit auf den weiteren Lebensweg gegeben. Er war mit meinen Eltern befreundet, weil meine Mutter als Referendarin unter seiner Anleitung ihre ersten Schritte als Religionslehrerin unternommen hat.

Ich war ein unsportlicher dicker Junge. Durch mein Schielen habe ich schlecht Anschluss bekommen. Keiner wollte mich in seiner Fußballmannschaft haben.

Ich hatte wenige Freunde. Ich war darum zunächst auch ein schlechter Schüler. Aber dann habe ich angefangen zu lesen. Auch die Bibel habe ich gerne gelesen, zunächst die Kinderbibel meiner Patentante und dann die richtige Bibel.

Es hat mich begeistert, dass ich glauben darf:

So wie ich bin, hat Gott mich gewollt. Er hat mich geschaffen. Er liebt mich, - auch wenn andere mich ablehnen. Und so bin ich viel fröhlicher und zuversichtlicher und letztlich dann auch Pfarrer geworden.

Gott führt es herrlich hinaus. Ihm bin ich dankbar.

Dienstag, 16.10. 2012 - zum Besten

„Wir wissen aber, dass denen, die Gott lieben
alle Dinge zum Besten dienen.“ (Römer 8,28)

Vor 35 Jahren hat Pfarrer Hinrichs in Oldenburg mir dieses Wort bei der Konfirmation mit auf den weiteren Lebensweg gegeben. Er kannte mich gut, denn er war der Vater meines besten Freundes.

Was er aber damit meinte: „Alle Dinge dienen zum Besten“ – Das habe ich zuerst nicht verstanden. Aber seitdem begleitet mich dieses Wort; - gerade auch dann, wenn etwas nicht so klappt, wie ich es gerne hätte – Wünsche nicht in Erfüllung gehen.

So war ich in meinem Studium ganz darauf fixiert, einen Austausch nach Israel mitzumachen. In Gedanken war ich schon dort. Aber es hat nicht geklappt. Ich wurde nicht ausgewählt und war sehr enttäuscht. –

Aber dadurch bin ich zum weiteren Studium nach Bonn und über einen anderen Austausch in die USA gekommen. Bis heute habe ich dort sehr gute Freunde.

Im Rückblick sage ich jetzt: Das war das Beste, was mir passieren konnte.

Mittwoch, 17.10. 2012 - Sterben

"**Christus ist mein Leben und**
Sterben ist mein Gewinn." (Philipper 1,21)

Das stimmt doch nicht! – so habe ich früher lange Zeit gedacht.

Auf meinem Schulweg in Oldenburg bin ich einige Jahre jeden Tag über den Gertrudenfriedhof gelaufen. Dabei bin ich jedes Mal an einem Grabstein mit diesem Wort vorüber gekommen: „Sterben ist mein Gewinn"

Ich habe dagegen rebelliert. Ich konnte und wollte „Sterben" nicht als Gewinn ansehen. Ich will leben. Aber losgelassen hat mich dieses Wort dennoch nicht. Ich habe jedes Mal wieder hingesehen. Und dann ist meine Mutter mit 46 Jahren an Krebs erkrankt. Ich wollte natürlich, dass sie wieder gesund wird. Ich habe gebetet; - und mit Gott gehadert, als sie doch gestorben ist. – War ich da wütend auf ihn! ...

Je länger ich dann aber darüber nachgedacht habe, umso mehr ist mir bewusst geworden: Am Ende war es eine Erlösung, dass meine Mutter einschlafen durfte.

Für sie war Sterben wirklich ein Gewinn. Und sie wusste:

Ich bin und ich bleibe bei Christus, was auch kommen mag.

Das habe ich von ihr gelernt.

Donnerstag. 18.10. 2012 - Licht

“Mache dich auf, werde licht; denn dein Licht kommt,

und die Herrlichkeit des Herrn geht auf über dir!“ (Jesaja 60,1)

In meinem ersten Semester als Theologiestudent an der Universität in Münster habe ich sofort eine Veranstaltung von Ulrich Kellermann besucht. Er war Pfarrer in Mühlheim und zugleich Professor für Altes Testament in Münster.

Er hat mich mit seinen Ausführungen über den dritten Teil des Jesajabuches für die Theologie und das Alte Testament begeistert.

Da tröstet ein uns allen unbekannter Prophet sein Volk nach der Rückkehr aus dem Exil. So große Hoffnungen hatten sie gehabt. Mit großen Erwartungen sind sie zurückgekehrt. – Endlich am Ziel; - haben sie gedacht; - Aber: Alles ist ärmlich! – Nichts so, wie gehofft! ... Kein strahlend schönes Jerusalem. Kein reines Gottesvolk… Nur Elend und Not!

Und doch: - Die Hoffnung bleibt: Gottes Licht geht über uns auf.

Er verlässt uns nicht. Und darum dürfen wir uns selbst jeden Tag neu aufmachen. Diese Botschaft des Trostes weiterzusagen. Ich denke, das hat mich dabei gehalten, wirklich Pfarrer zu werden.

Freitag, 19.10. 2012 - Glaubensgeschwister

„Lasst uns Gutes tun an jedermann,

allermeist aber an des Glaubens Genossen.“ (Galater 6,10)

Schon als Konfirmand habe ich an einem Jahresfest des Gustav-Adolf-Werkes in Oldenburg teilgenommen. Es hat mich beeindruckt, wie weite Wege in manchen Ländern Menschen auf sich nehmen, um zum Gottesdienst zu kommen.

Ich habe mir ein kleines Heft über die Evangelische Kirche in Spanien mitgenommen, weil wir dort manchmal im Urlaub waren.

Ich habe dort aber keine evangelische Kirche entdecken können, als wir das nächste Mal da waren. Dennoch hat es mich nicht losgelassen.

Im Studium habe ich mich mit der Inquisition und der Verfolgung der Evangelischen in Spanien beschäftigt.

Ich habe Mitchristen aus den kleinen evangelischen Kirchen in Serbien, Slowenien und Polen kennengelernt. Für diese Freunde bin ich sehr dankbar, denn die Begegnungen mit ihnen waren immer eine Bereicherung für mich. Ich bin schon in verschiedene Länder gereist. Die schönsten Begegnungen waren dabei jedes Mal die mit Glaubensgeschwistern, die ich bei ihren Gottesdiensten besuchen durfte. Ihre schlichte und stets gastfreundliche Frömmigkeit hat mich jedes Mal angerührt.

2. Die zweite Woche (14.1. bis 18. 1. 2013)

Tauferinnerung nach dem ersten Sonntag nach Epiphanias

(Sonntag der Taufe Jesu)

Montag, 14.1. 2013 - Tauferinnerung

„**Ich bin getauft auf deinen Namen, Gott, Vater, Sohn und Heiliger Geist**" (EG 200,1)

Was bedeutet Ihnen Ihre Taufe? –

Denken Sie schon mal an Ihren Tauftag? ...

Für mich war sie lange Zeit auch nur ein selbstverständlicher Bestandteil meines Lebens. Meine Eltern haben mich als Kind taufen lassen. Das war so.

Nachgedacht habe ich darüber nicht. Ich bin in den Kindergottesdienst gegangen, zum Konfirmandenunterricht und regelmäßig in den Gottesdienst. Ich bin langsam in die Kirche hineingewachsen.

So habe ich mich auch entschlossen, Theologie zu studieren. In meinem Studium bin ich ein Jahr als Austauschstudent in den USA gewesen. Dort haben mich andere Studenten sofort gefragt: „When have you been called?" Wann hat Gott Dich in seinen Dienst berufen? -

Manche von ihnen konnten das genau mit Tag und Minute benennen, wann Gott zu Ihnen gesagt hat: „Du mußt Pfarrer werden".

Ich konnte das nicht, - ich kann es bis heute nicht. Ich kann nur darauf verweisen: - Ich bin getauft. Ich glaube, daß Gott mich schon da berufen und als sein Kind angenommen hat. Ich habe mich nicht entschlossen, mich taufen zu lassen, - an Gott zu glauben. Gott selbst hat mich berufen, als ich noch nichts von ihm wußte.

Dafür bin ich dankbar.

Dienstag, der 15.1.2013 - Gottes Geist

„(W)elche der Geist Gottes treibt, die sind Gottes Kinder.“ (Römer 8,14)

Der erste Sonntag nach Epiphanias und damit diese ganze Woche erinnert uns an Jesu Taufe. Jesus selbst hat sich von Johannes taufen lassen. Und die Evangelien berichten uns: Als Jesus aus der Taufe stieg, sah er den Himmel offen und den Geist Gottes in einer Taube auf sich herabkommen.

Mich hat es in meinem Studium sehr beeindruckt, als der Pfarrer der Presbyterianer-Gemeinde, in der ich als „student-minister“ neben den Vorlesungen und Seminaren an der Uni mitgearbeitet habe, bei einer Taufe gesagt hat: Auch wir dürfen, wenn wir jetzt dieses kleine Kind taufen, mit den Augen des Glaubens über ihm den Himmel offen sehen: Gott wird ihm seinen Geist schenken, dass er als Kind Gottes voll Vertrauen leben darf.

Gott hat auch uns seinen Geist bei der Taufe geschenkt.

Wir aber vergessen ihn manchmal; - leider. Wir lassen uns nicht nur von seinem Geist treiben, sondern von anderen Geistern. Und deshalb müssen wir täglich neu zu ihm umkehren, uns an unsere Taufe erinnern lassen. Wenn wir uns Gott und seinem Geist anvertrauen, -

dann spüren wir es: - wir sind seine Kinder. Er hat uns angenommen.

Mittwoch, der 16.1.2013 - Taufe und Tod

“(A)lle, die wir auf Jesus Christus getauft sind,
die sind in seinen Tod getauft.“ (Römer 6,3)

Schon mit der Taufe sind wir in das Sterben und Auferstehen Jesu mit hineingenommen. Bei unseren Taufen wird das allerdings nicht mehr so deutlich. In vielen christlichen Kirchen werden Täuflinge bei der Taufe ganz unter Wasser getaucht und wieder herausgezogen, sterben und stehen auf mit Christus. Wir schütten unseren Täuflingen nur dreimal Wasser über den Kopf.

Aber auch das kann uns deutlich machen: Unser altes Leben vergeht, die Sünde wird abgewaschen; - wir von ihr gereinigt.

Aus der Taufe dürfen wir in ein neues Leben aufstehen.

Darum bekommen Täuflinge ursprünglich erst nach der Taufe das Taufkleid über, das in seiner schlichten weißen Form an das Totenhemd erinnert.

Jeder Mensch stirbt. – Nichts ist so sicher wie der Tod in unser aller Leben.

Wir müssen sterben, ja wir sterben jeden Tag ein klein wenig. Aber wir dürfen zugleich jeden Tag neu auferstehen in ein Leben in der Nachfolge Jesu und wissen: Letztlich wird er uns in sein Reich holen.

Donnerstag, der 17.1.2013 – Licht und Taufkerze

"Ich bin das Licht der Welt. Wer mir nachfolgt, der wird nicht wandeln in der Finsternis, sondern wird das Licht des Lebens haben." (Johannes 8,12)

Bei uns in Neuengroden bekommt jeder Täufling bei der Taufe seine Taufkerze. Sie wird angezündet an der Osterkerze, dem Licht, das wir zum Osterfest symbolisch als einziges Licht in die dunkle Kirche tragen: - Jesus ist dieses Licht.

Für mich ist es bei Taufen immer wieder eine Freude zu beobachten, wie oft Kinder, die schon vor oder bei der Taufe schreien, ruhig werden, wenn ich Ihnen die an der Osterkerze entzündete Taufkerze entgegenhalte: „Nimm hin dies brennende Licht, zum Zeichen, das du zu Christus gehörst."

Fasziniert blicken die Kinder auf das Licht, hören auf zu schreien.

Manchmal strecken sie die Hand danach aus.

Einer der Paten erhält dann die Kerze, aber es ist schön, zu sehen, wie wir ruhig werden, wenn Licht in unser Leben scheint. Und diese Gewissheit soll uns alle im Leben begleiten: Gottes Licht scheint auch in dein Leben hinein,

selbst dann, wenn du manch dunklen Weg zu gehen hast.

Freitag, der 18.1.2013 – Mission

„Lebt als Kinder des Lichts; die Frucht des Lichts ist lauter Güte, Gerechtigkeit und Wahrheit.“ (Epheser 5,8-9)

Jesus selbst hat sich taufen lassen. Als Auferstandener hat er seiner Kirche diesen einen Auftrag gegeben, allen Menschen und Völkern die Taufe anzubieten, sie alle – ohne jeden Unterschied zu seinen Jüngern zu machen, in seine Gemeinschaft zu berufen. Dazu ist die Kirche da. Das ist ihre Aufgabe.

Wir dürfen niemanden ausschließen. Gott liebt und sucht alle.

Wir sollen darum alle Menschen einladen, sich taufen zu lassen.

Zu allen sind wir gesandt.

Aber wir müssen ihnen mit unserer Botschaft nicht lästig werden.

Darum halte ich wenig von bedrängender Mission, die – so habe ich es erlebt – Menschen auch von Gott wegtreiben kann. Wenn wir andere nötigen, wird an uns nichts von Gottes Güte spürbar. Aber wir dürfen eben auch nicht einfach sagen: -

Es ist ganz egal, ob Du getauft bist oder nicht, Gott liebt dich so oder so. - Das ist nicht wahr. Die Taufe ist heilsnotwendig. Ohne sie sind wir nicht in der Gemeinschaft Gottes, des Vaters und des Sohnes und des Heiligen Geistes. Diese Wahrheit sind wir der Welt schuldig, in aller Liebe und Freiheit.

3. Die dritte Woche (15.4. bis 19. 4. 2013)

Die Woche nach dem Sonntag „Misericodias Domini", dem Sonntag vom Guten Hirten, dem Sonntag, an dem in vielen Gemeinden Konfirmation gefeiert wird

Montag, 15.4. 2013 - Der Herr ist mein Hirte

„Der Herr ist mein Hirte,

mir wird nichts mangeln." (Psalm 23,1)

Gestern ist wieder in vielen unserer Gemeinden Konfirmation gefeiert worden.

Der Psalm vom Guten Hirten wird auch heute noch von vielen Jugendlichen auswendig gelernt. Und ich muss zugeben: - Es beeindruckt mich immer wieder, wie viele Menschen dieser Psalm schon in ihrem Leben begleitet und gestärkt hat.

Ich habe ihn schon mehrfach mit Menschen im Krankenhaus und auch schon mit Sterbenden gebetet. Diese alten Worte, besonders dann, wenn ein anderer sie uns zuspricht, schenken Kraft und Mut, gerade auch im dunklen Tal und selbst durch den Tod hindurch.

Es ist gut, sich so behütet und bewacht zu wissen. ... In seinem Leben eben nicht alles allein meistern zu müssen. Und wer zu diesem Psalm sagt: „Ich will doch kein ‚dummes Schaf' sein", verpasst das Eigentliche seines Bildes.

Er oder sie vergibt sich die Chance, einen Halt im Leben zu bekommen.

Den aber wünschen wir allen, die mit der Konfirmation ins Erwachsenenleben aufbrechen.

Dienstag, 16.4.2013 - Sorgen und Gebet

„Alle eure Sorgen werft auf ihn,

denn er sorgt für euch." (1. Petrus 5,7)

Ich habe schon mit vielen Jugendlichen Konfirmation in unserer Kirche feiern dürfen, sie „eingesegnet", ihnen mit Gottes Wort den Segen zugesprochen.

Ich habe mich dabei schon mehrfach gefreut, welche Worte der Bibel sich Konfirmanden selbst aussuchen.

Oft zeigen diese Sprüche, dass sie über das Leben und seine Probleme nachgedacht haben, nicht nur das schnelle Geld wollen, wie ihnen oft unterstellt wird. Einmal habe ich es in all den Jahren erlebt, dass sich gleich vier Konfirmandinnen dieses Wort gemeinsam für ihre Taufe vor der Konfirmation ausgesucht haben.

Sie wussten: Das Leben ist nicht einfach. Wir machen uns oft Sorgen. Aber wir dürfen sie auf ihn, auf Gott, werfen. Mit allem können wir im Gebet zu ihm rufen, uns seiner Führung anvertrauen: - Er sorgt für uns!

Wer das voll Vertrauen sagen kann, geht getrost ins Leben.

Ich hoffe und bete für diese Konfirmandinnen und alle meine Konfirmanden, dass sich das Versprechen dieses Wortes in ihrem Leben bewahrheitet.

Mittwoch, 17.4.2013 - Liebe

"**Nun aber bleiben Glaube, Hoffnung, Liebe, diese drei;**
aber die Liebe ist die Größte unter ihnen." (1. Korinther 13,13)

Es gibt fast keine Konfirmation, in der sich nicht eine oder einer der Konfirmanden und Konfirmandinnen dieses Wort als seinen oder ihren Konfirmationsspruch aussucht. - Liebe ist das Wichtigste für uns Menschen. Liebe brauchen wir alle; - ohne sie können wir nicht leben.

Wir leben davon, dass andere für uns da sind und wir auch selbst für andere da sein können, dass wir einander wirklich vertrauen können. An der Liebe hängt alles.

Sie ist darum das höchste und größte Gebot, das Jesus seinen Jüngern gegeben hat. Und der Apostel Paulus, dem wir dieses schöne Wort verdanken, wusste deshalb nur zu gut: All sein Einsatz für den Glauben, für die Menschen und Gemeinden hat nur dann Sinn, wenn er all dieses aus und in der Liebe tut.

Ohne die Liebe ist alles nichts! ...

Wünschen wir unseren Konfirmanden und allen jungen Menschen, dass sie in dieser Liebe wachsen, sie selbst geben können und auch erfahren dürfen.

Donnerstag, 18.4.2013 - Furchtlos leben

“Der Herr ist mein Licht und mein Heil, vor wem sollte ich mich fürchten? Der Herr ist meines Lebens Kraft, vor wem sollte mir grauen?“ (Psalm 27,1)

Mit ihrer Konfirmation machen junge Menschen einen ersten großen Schritt in das Leben als Erwachsene. Sie werden selbständig und ihre Eltern blicken an einem solchen Tag zurück; - und manchmal auch in die Zukunft. …

Wenn man aber darüber nachdenkt, welche Zukunft wohl den jungen Menschen offen steht, die wir in diesen Tagen konfirmieren, dann kann man sich schon fürchten. Täglich gibt es so viele Schreckensnachrichten.

Krieg, Terror, Klimaveränderungen und Katastrophen. …

Ich kann verstehen, wenn Menschen sagen: „Wir zerstören doch selbst die Welt; - wir vernichten unsere eigenen Lebensgrundlagen.

Alles wird vergehen und untergehen. Wir Menschen sind selbst schuld!“

Aber es beeindruckt mich, wenn Jugendliche sich dann ein solches Wort als Konfirmationsspruch aussuchen.

Sie wissen: Wir sind und wir bleiben in Gottes Hand.

Und auch wenn uns vieles Angst und Sorgen macht, wir müssen uns nicht lähmen lassen, sondern können mit unserer kleinen Kraft jeweils an der Stelle, wo wir stehen, anfangen, Gutes zu tun.

Freitag, 19.4.2013 - Freude im Herrn

**„Freuet euch in dem Herrn allewege,
und abermals sage ich: Freuet euch!“** (Philipper 4,4)

Kirche macht oft den Eindruck: - Alles muss ernst und traurig sein.

Man darf nur ja nicht lachen, keine Späße machen. Ich freue mich darum über die alte Sitte des Osterlachens, dass ich als Pastor am Ostersonntag – und auch sonst schon mal – ruhig einen Witz von der Kanzel erzählen darf.

Es darf; - ja, es soll fröhlich gelacht werden in der Kirche! Wir dürfen uns freuen, denn seit Ostern wissen wir:

Gott schenkt uns allen das Leben ganz neu. Wir können jeden Tag neu in ein Leben in der Nachfolge Jesu aufstehen. Es ist nie zu spät dazu; - für keinen und für keine!

...

Niemand muss, - ja: niemand darf sagen: „Bei mir ist Hopfen und Malz verloren. Ich habe sowieso keine Chance mehr." Wir dürfen vielmehr wissen, dass Gott uns sucht.

Er möchte, dass wir uns über seine Liebe freuen.

Und darum freue ich mich über meine Konfirmanden.

Und wünsche ihnen, dass sie fröhliche Christenmenschen werden, die sich immer und überall in ihrem Herrn freuen.

4. Die vierte Woche (2.9. bis 6.9. 2013)

Die Woche nach dem 14. Sonntag nach Trinitatis, dem Sonntag vom dankbaren Samariter, ein Nachdenken über das Gotteslob und Danken

Montag, 2.9. 2013 - Gott danken

„Lobe den Herrn, meine Seele,
und vergiss nicht, was er dir Gutes getan hat.“ (Psalm 103,2)

Haben Sie heute schon gelobt oder gedankt? …

Der gestrige Sonntag erinnert uns daran, dass wir immer mal wieder darauf aufmerksam gemacht werden müssen, wie wichtig es für uns ist, Gott zu danken.

Wie oft nehmen wir einfach alles selbstverständlich hin.

Als Kinder haben auch wir uns sicher mal mit Geschenken entfernter Verwandter oder uns völlig Unbekannter ganz schnell zurückziehen wollen; - sie nur stumm und schüchtern entgegengenommen. Aber dann haben Mutter oder Vater gesagt: „Wie heißt das?“… Und schuldbewusst haben wir unser „Danke“ gestammelt.

Erst dann durften wir mit dem Geschenk gehen.

Gott gegenüber aber vergessen auch wir Älteren das Danken nur zu oft. Erst wenn wir krank werden, wenn uns Manches fehlt, wir es nicht mehr können oder haben, merken wir: All das ist ja ein Grund zum Danken.

Dass ich sehen kann, hören oder auch gehen, dass ich heute Morgen wieder aufstehen konnte, überhaupt lebe: - Ich kann Gott für all das nur jeden Tag neu danken.

Dienstag, 3.9.2013 - Der dankbare Fremde

„Sind nicht die zehn rein geworden? Wo sind aber die neun?“ (Lukas 17,17)

Jesus hat zehn Menschen geheilt. Sie hatten Aussatz, durften nicht mehr in die Dörfer, mussten die Menschen vor sich warnen; -

„Aussatz, Aussatz“ schreien, wenn sie sich anderen näherten.

Sie waren durch ihre Krankheit dazu verurteilt, allein für sich oder mit anderen Kranken außerhalb der Ortschaften in Höhlen zu leben und langsam zu sterben. Und dann begegnen sie Jesus, bitten um Hilfe.

Und: - Sie werden rein. Neues Leben ist ihnen geschenkt.

Aber nur einer kehrt um und dankt Gott; und das ist ein Fremder.

Es ist immer wieder erstaunlich, wie schnell wir das Danken vergessen. Wir können klagen, wir rufen um Hilfe, erwarten ganz viel.

Aber wenn uns geholfen wird, sind wir schnell wieder in unserem Alltag.

Dann haben wir dieses zu tun, jenes, ... können nicht umkehren, um zu danken. Dabei täte genau das auch uns so gut. Jesus hat sich schon darüber gewundert.

Und deshalb müssen wir uns nicht ärgern, wenn andere undankbar sind.

Das bringt sowieso nichts. Aber wundern dürfen auch wir uns.

Mittwoch, 4.9.2013 - Geist Gottes

“ **Denn welche der Geist Gottes treibt, die sind Gottes Kinder.**“ (Römer 8,14)

Ich kann atmen, ich lebe. Mein lebendiger Atem macht mir deutlich:

Gottes Geist bewegt auch mich. So lange Atem in mir ist, kann ich reden, singen und auch beten. Ich kann natürlich auch schreien, schimpfen und fluchen.

Aber damit tue ich mir selbst und anderen nichts Gutes.

Das ist ganz sicher nicht Gottes Wille.

Wenn Gottes Geist mich treibt, dann werde ich mit meinem Atem danken, loben und beten. Dann werde ich anderen gute Worte sagen. Das hilft mir nämlich auch selbst. Ich habe es schon oft in meinem Leben gemerkt.

Wenn ich den Tag mit Dank und Lob beginne, wenn ich ein fröhliches Lied für mich allein singe oder mit anderen mit brumme, dann gehe ich ganz anders in den Tag, als wenn ich gleich mit Klage oder Streit anfange.

Denn dann begegne ich anderen mit einem Lächeln, froh und zuversichtlich. Und dann ist die Wahrscheinlichkeit sehr groß, dass auch die mir mit einem Lächeln begegnen, freundlich entgegen kommen.

Wir sind Gottes Kinder. Jeder Atemzug sagt uns das.

Und deshalb können wir fröhlich danken.

Donnerstag, 5.9.2013 - Gottes Haus

" **Wie heilig ist diese Stätte! Hier ist nichts anderes als Gottes Haus, und hier ist die Pforte des Himmels.**" (1. Mose 28,17)

So sagt der Erzvater Jakob im Alten Testament. Er ist auf der Flucht, weil er seinen Bruder betrogen hat. Er übernachtet auf einem bloßen Stein. Und in der Nacht sieht er im Traum den Himmel über sich offen.

Engel steigen auf und ab und er bekommt die Zusage Gottes:

„Ich will Dich nicht allein lassen!"

Daraufhin nennt er diese Stätte am Morgen „Bethel", das ist hebräisch und heißt „Haus Gottes". In Neuengroden sind wir dankbar für unsere Kirche.

Vor gut 50 Jahren war die Grundsteinlegung für unsere Thomaskirche und 1964 wurde sie eingeweiht. Darum feiern wir jetzt ein Jahr lang unsere Kirche, danken für sie. Denn unzählige Menschen haben auch hier schon im Gebet und im Gottesdienst erfahren: - Hier ist Gottes Haus. Gott ist uns nahe!

Deshalb haben wir jetzt im September Engelbilder von Heinz Janszen bei uns zu Gast. Engel, Boten Gottes, begleiten uns und machen uns deutlich:

Gott verlässt uns nicht, auch wenn wir jeden Tag neu aufbrechen und so manch schweren Wege gehen müssen.

Freitag, 6.9.2013 - Freude im Herrn

„Seid nicht bekümmert, denn die Freude am Herrn ist eure Stärke." (Nehemia 8,10)

Nach Israel, in das gelobte Land, waren sie zurückgekehrt. In der Fremde dachten sie und haben sich damit getröstet: Unsere Heimat; - das ist ein Land voll Milch und Honig… Wenn wir zurückkommen, dann schenkt uns Gott ein Leben wie im Paradies. Alles wird gut und schön.

Doch die Anfänge waren kläglich. - Jerusalem war zerstört, alles öde. Einen Tempel gab es nicht mehr; - das Leben hart.

Und so unterbrechen die Israeliten ihren schweren Alltag mit einem Fest.

Sie lassen sich die Bibel vorlesen. Sie hören auf Gottes Wort, danken Gott für alles, was er schon getan und noch versprochen hat.

Und sie merken: - Das gibt uns Kraft.

Deshalb feiern auch wir unsere Gottesdienste, lesen die Bibel.

Die Freude am Herrn ist unsere Stärke, wenn wir diese Worte so hören, dass wir uns ganz unmittelbar von ihnen ansprechen lassen. Gott spricht auch zu uns.

Und wir können ihm mit unseren Gebeten und Liedern danken.

Darin kommt auch uns der Himmel schon hier und jetzt ganz nahe.

Das gibt Kraft, Mut und Zuversicht für das Leben im Alltag.

5. Die fünfte Woche (25.8. bis 29.8. 2014)

Die Woche vor der Festgottesdienst zur 50jährigen Einweihung der Thomaskirche in Neuengroden

Montag, 25.8. 2014 - Friede

Vor einem Jahr haben wir in Neuengroden den 50. Jahrestag der Grundsteinlegung für unsere Kirche mit einem Gemeindefest begangen. Am kommenden Sonntag wollen wir das 50jährige Jubiläum der Einweihung unserer Kirche feiern.

Heute aber ist genau der 51. Jahrestag der Grundsteinlegung.

Auf dem Grundstein, der versteckt hinter dem Altar in unserer Kirche zu sehen ist, da ist das sogenannte „Christus-Monogramm“ eingeritzt.

Das sind die beiden ineinander geschriebenen Buchstaben: P und X.

Eigentlich sind es die griechischen Buchstaben „Chi“ und „Rho“, mit denen der Ehrenname Jesu: - „Christus“ der „Gesalbte“ - beginnt.

Wenn man diese Buchstaben aber lateinisch als P und X liest, dann hat man in ihnen den ersten und den letzten Buchstaben des lateinischen Wortes für Frieden: „Pax“.

In diesem Monogramm steckt also die Botschaft:

„**Christus ist unser Friede**“ (Epheser 2,14), der Lehrtext für den heutigen Montag:

Wenn wir Christus haben, haben wir Frieden, dann können wir in Frieden miteinander leben; - ohne ihn haben wir keinen Frieden. Darauf gründet unsere Kirche, - das ist der Grund für alle Kirchen.

Hoffen wir, gerade auch angesichts der Nöte in der Welt, dass es uns gelingt, das den Menschen nahe zu bringen.

Dienstag, 26.8.2014 - Gott der Fels

Unsere Gemeinde in Neuengroden feiert den 50. Geburtstag unserer Kirche. Pastor Seeliger, den ersten Pfarrer, habe ich leider nicht mehr kennenlernen dürfen. Er ist schon 1991 gestorben, ein Jahr bevor ich nach Wilhelmshaven gekommen bin.

Aber in diesem Jahr habe ich seinen Sohn Dietrich getroffen.

Nach dem Gottesdienst mit unseren ehemaligen Pastoren und ihren Angehörigen hat er uns erzählt: „Ich selbst habe den Kirchbau in Neuengroden damals kritisch gesehen. Was soll noch eine Kirche in diesem heidnischen Gebiet? – Da kommt ja doch keiner!“ - so habe er zu seinem Vater gesagt.

Aber Pastor Seeliger hat gesagt: „Da, wo eine Kirche ist, da sammelt sich Gemeinde!“ Der Ort zieht die Menschen an, weil er uns Gott nahebringt.

„Es ist kein Fels, wie unser Gott ist.“ (1. Samuel 2,2)

So heißt es in der Losung für den heutigen Dienstag.

Ich empfinde genau das, wenn ich in unsere schlichte Kirche gehe, in der auch innen die vielen roten Ziegel zu sehen sind.

Mittwoch, 27.8.2014 - Hülle und Fülle

Uns geht es gut. Als Pfarrer Seeliger vor gut 50 Jahren unsere Thomaskirche in Neuengroden gebaut hat, da war der Zweite Weltkrieg schon einige Jahre vorbei, die Menschen mussten nicht mehr hungern. Das Wirtschaftswunder war in vollem Gang.

Viele haben symbolisch den einen oder anderen Stein gekauft, um unsere Kirche mit zu bauen, weil sie dankbar waren für all das, was Gott ihnen geschenkt hat:

„Ihr sollt Brot die Fülle haben und sollt sicher in eurem Lande wohnen.“

(1. Mose 26,5)

So heißt es in der Losung des heutigen Tages. Und wenn wir heute zurückblicken, dann müssen wir sagen: Wir können und dürfen nun schon lange sicher in unserem Lande wohnen. Wir haben jeden Tag mehr als genug zum Leben, nicht nur Brot, sondern alles: - in Fülle. Dafür können wir Gott nur danken. Aber manchmal vergessen wir das. Wir sprechen in unseren Familien oft kaum noch ein Dankgebet vor dem Essen. Dabei wissen wir, wenn wir die Nachrichten aus aller Welt aufmerksam verfolgen: Es ist gar nicht selbstverständlich, dass wir unser tägliches Brot haben.

In allen unseren Kirchen beten wir darum ganz regelmäßig das „Vaterunser“, laden uns so ein: Bete darum, dass Gott dir heute und hier das tägliche Brot gibt, nicht mehr, - aber eben auch nicht weniger.

Donnerstag, 28.8.2014 - Gott hört

Kennen Sie Menschen, die einem immer sofort ins Wort fallen?

Die gleich ihre Meinung sagen, wenn wir gerade erst angefangen haben, etwas zu erklären oder zu sagen? ... Ich habe mich darüber schon manches Mal geärgert. – Allerdings: - muss ich auch selbst zugeben:

Ich habe mich schon dabei ertappt, dass ich anderen ins Wort gefallen bin. Es ist so verlockend: Ein einzelnes Wort stößt etwas in mir an.

Und dann muss ich sofort erzählen.

So aber ist Gott nicht. Obwohl der Prophet Jesaja in der heutigen Losung von Gott sagt: **“Ehe sie reden, will ich antworten, wenn sie noch reden, will ich hören.“** (Jesaja 63,24)

Gott fällt uns nicht ins Wort, er unterbricht uns nicht. Wir können unsere Gebete immer zu Ende bringen. Aber es ist eben auch nicht so, wie manche anklagend sagen: „Gott hört mich ja doch nicht!“

Gott hört sehr genau, - ja, er weiß schon, bevor wir reden, was wir brauchen. Und er gibt uns das, was gut für uns ist. Der Prophet durfte diese Erfahrung machen: Gott hört mich, auch wenn seine Antwort manchmal anders ausfällt, als ich mir das wünsche und gedacht habe.

Gott hört auch mein Gebet. Das gibt mir Halt.

Freitag, 29.8.2014 - Hoffnung

Pastor Seeliger hat unsere Kirche in Neuengroden „Thomaskirche“ genannt.

Er wusste: Wir alle würden gerne sehen, um glauben zu können.

Klare Beweise dafür, dass Gott existiert, dass er dieses oder jenes für uns getan hat: - Das wäre doch schön, dann könnte ich auch glauben!

So erzählen mir immer wieder Leute. Aber so ist Gott nicht!

„Ich will hoffen auf den Herrn,

der sein Antlitz verborgen hat vor dem Hause Jakob.“ (Jesaja 8,17) -

So sagt der Prophet Jesaja.

Manchmal scheint Gott geradezu sein Antlitz vor uns zu verbergen.

Er scheint genau so zu handeln, dass wir eben nicht an ihn glauben können: So vielen bösen Menschen geht es gut. Krieg und Katastrophen in der Welt: Gott macht es uns regelrecht schwer, an ihn und seine Güte zu glauben. Und doch sind wir eingeladen, mit dem Propheten an Gott und seiner Güte festzuhalten, unsere ganze Hoffnung auf ihn zu setzen. Thomas, der nur glauben wollte, wenn Jesus ihm erscheint, bekommt von Jesus, als der tatsächlich zu ihm kommt, gesagt:

„Du glaubst, weil Du mich siehst, aber selig sind die, die nicht sehen und doch glauben.“ Dazu lädt uns alle die Kirche jeden Sonntag ein:

Wir dürfen glauben, auch wenn wir nicht sehen.

Aber wenn wir es wagen, so zu glauben, werden wir merken:

Gott verbirgt sein Antlitz ja doch nicht so ganz und gar vor uns.

6. Die sechste Woche (24.11. bis 29.11. 2014)

Die Woche nach dem Letzten Sonntag des Kirchenjahres

Montag, 24.11. 2014 - Bereitschaft

„Be prepared“ - „Allzeit bereit“… Das ist das Motto der Pfadfinder.

Im Evangelium dieser Woche macht Jesus uns darauf aufmerksam, dass auch wir allzeit bereit sein sollen für seine Wiederkunft. Mir fällt das schwer! … Vor allem tun mir die Jungfrauen leid, die ihr Öl vergessen, als sie auf den Bräutigam warten.

Sie nehmen nur ihre Lampen mit und werden dann nicht in den Festsaal gelassen; - stehen letztlich vor verschlossener Tür.

So kann Gott doch nicht sein! ... Er ist doch gnädig, er wendet sich gerade denen zu, von denen sich alle anderen abwenden. Er sucht das Verlorene. Er müsste darum doch auch gerade diese törichten Jungfrauen noch mit in seine Gemeinschaft aufnehmen. – Ich muss zugeben, dass ich immer wieder so denke. –

Aber auf der anderen Seite hat Jesus sicher recht:

Man kann den richtigen Zeitpunkt verpassen!

Wenn wir nicht bereit sind, dann kann es tatsächlich irgendwann zu spät sein in unserem Leben. Und darum ist es wichtig, dass uns immer wieder zugerufen wird:

„Lasst eure Lenden umgürtet sein und eure Lichter brennen.“ (Lukas 12,36)

Geht dem Herrn mit brennenden Lichtern entgegen: - Wartet auf ihn!

Ich freue mich auf die Adventszeit, in der wir das wieder einüben.

Dienstag, 25.11.2014 - Durst

Sind Sie schon mal durstig gewesen? – Durst tut weh.

Das habe ich selbst schon erlebt, obwohl ich im Überfluss groß geworden bin und auch heute noch lebe. Besonders schrecklich aber, so habe ich mir sagen lassen, ist es zu verdursten. Das habe ich, Gott sei Dank, noch nie erleben müssen.

Aber ich kann es mir vorstellen. - Es muss qualvoll sein. Wasser ist ein kostbares Gut; - gutes und reines Trinkwasser, das den Durst löscht und dem ganzen Körper gut tut; - ihn durchströmt und ihm so Kraft gibt.

Wir vergeuden es manchmal, weil wir es bei uns im Überfluss haben; sagen gar verächtlich: „Das ist ja nur Wasser!".

Aber unsere Bibel stammt aus dem Orient, wo Wasser schon immer knapp war. Und darum ist dort Wasser, „die Quelle lebendigen Wassers" ein Bild für das, was Gott uns schenkt, wie er uns rettet.

Es heißt in der Offenbarung des Johannes von Gott: **„Ich will dem Durstigen geben von der Quelle des lebendigen Wassers umsonst."** (Offenbarung 21,6).

Gott gibt uns, was wir zum Leben brauchen.

Er schenkt es uns einfach. Sein gutes Wort rettet uns, wie Wasser einen Verdurstenden.

Mittwoch, 26.11.2014 - Neuer Himmel und neue Erde

Alles ist vergänglich; - und alles vergeht. Nichts lässt sich in unserem Leben ewig festhalten. Wir müssen jeden Tag neu damit leben, dass sich alles ändert. Manchmal klagen wir darüber.

Vor allem die schönen Augenblicke des Lebens würden wir gerne ewig festhalten. Wenn es uns allerdings schlecht geht, dann sehnen wir auch mal Veränderungen herbei. … Die Bibel weiß darum: - Nichts bleibt so wie es ist!

Gott wird die Welt verändern ganz neu schaffen. Und darum sagt der Prophet im dritten Teil des Jesajabuches seinem Volk:

„So spricht der HERR: Siehe, ich will einen neuen Himmel und eine neue Erde schaffen, dass man der vorigen nicht mehr gedenken und sie nicht mehr zu Herzen nehmen wird." (Jesaja 65,17)

Wir hängen mit unserem Herzen an dieser Erde, an diesem Himmel, an der Welt, wie sie ist. All das aber wird vergehen. Gott wird uns ganz was Neues schenken. Und das wird so schön sein, dass wir an das Alte gar nicht mehr denken werden.

Noch können wir uns das nicht vorstellen. Aber wir dürfen uns darauf freuen: -

Alles wird neu!

Donnerstag, 27.11.2014 - Rechenschaft

Gott hat mir so viel geschenkt. Mir geht es gut. Ich kann meine Sinne gebrauchen, ich habe mehr, als ich zum täglichen Leben brauche.

Ich kann sparen und mir auch für schlechte Zeiten noch etwas zurücklegen. Wenn ich in die Welt schaue: - Nur die wenigsten Menschen haben diese Möglichkeiten. Viele leben von der Hand in den Mund, wissen heute noch nicht, wovon sie Morgen leben werden. Und darum wird mir schon unheimlich, wenn Jesus im Evangelium sagt:

„**Denn wem viel gegeben ist, bei dem wird man viel suchen; und wem viel anvertraut ist, von dem wird man umso mehr fordern.**“ (Lukas 12,48)

Ich frage mich dann schon: Nutze ich meine Gaben richtig? Müsste ich nicht viel mehr machen? Was wird Gott wohl sagen, wenn er sich mein Leben anschaut, mich danach befragt, was ich aus dem gemacht habe, was er mir anvertraut und geschenkt hat? ... Ich hätte sicher immer noch mehr machen können.

Und darum brauche ich seine Vergebung.

Ich darf jeden Tag neu beginnen und zu ihm umkehren. Noch schenkt er mir die Zeit dazu: - Jeder neue Tag sagt mir das.

Freitag, 28.11.2014 - Trauer und Freude

Ich denke nicht gerne an Zeiten der Trauer und des Schmerzes.

Manchmal frage ich mich: Warum lässt der liebe Gott nur so viel Leid und Not zu? – Warum hilft er nicht mehr? …

Wenn Gott ein lieber Gott ist, dann müsste er doch alles gut machen. … Dann dürfte es doch nur Fröhlichkeit und Glück, Schönheit und Gutes in der Welt geben. Aber stimmt das wirklich?

Wenn ich zurückblicke, muss ich sagen:

Gerade auch die schweren Zeiten meines Lebens haben mir geholfen, der zu werden, der ich jetzt bin. Ohne Leid, Not und Schweiß und Mühe hätte ich ganz Vieles nie gelernt und wüsste viel Gutes gar nicht wirklich zu schätzen.

Der Psalmbeter sagt darum im 126. Psalm:

„Die mit Tränen säen, werden mit Freuden ernten.

Sie gehen hin und weinen und streuen ihren Samen

und kommen mit Freuden und bringen ihre Garben.“ (Psalm 126,5+6)

Im Leid selbst, in der Zeit der Not, fällt es mir schwer, das zu glauben und zu akzeptieren. Aber im Rückblick wird mir doch immer wieder deutlich:

Tränen sind oft wie Samen. –

Am Ende bringen sie Frucht, die uns fröhlich sein lässt.

7. Die siebte Woche (16.3. bis 20.3. 2015)

Eine Woche des Lebens mit den Herrnhuter Losungen als dem Wort für den Tag

Montag, 16.3. 2015 - Gehorsam

„Seid immer schön artig!" ...Ich kann mich noch gut an diese Ermahnung aus meiner Kindheit erinnern. Damals habe ich den Struwwelpeter als Bilderbuch gerne gelesen.

Später habe ich gelernt: - Pädagogisch ist das nicht gut. Erziehung mit dem erhobenen Zeigefinger! Das darf doch nicht sein! ...

Aber je länger ich darüber nachdenke: - Mich hat es als Kind nicht gestört. Und ich habe etwas gelernt, was richtig ist: Nicht mit dem Stuhl kippeln, nicht Daumen lutschen und auch nicht andere wegen ihrer Hautfarbe oder Andersartigkeit beleidigen, nicht mit Feuer spielen und vieles mehr. Mir hat das in meinem Leben nicht geschadet!

„Gehorcht meinem Wort, so will ich euer Gott sein,

und ihr sollt mein Volk sein." (Jeremia 7,23)

Auch die Losung des heutigen Tages sagt uns das:

Es hilft uns, auf Gottes Gebote zu hören und nach ihnen zu leben.

Wir werden merken: Es tut uns selbst gut; - auch wenn wir manchmal denken: Den erhobenen Zeigefinger brauch ich jetzt aber so gar nicht!

Ich will lieber nur tun, was mit Spaß macht.

Dienstag, 17.3.2015 - Gottes Wege

Warum gibt mir Gott nur das zu tragen auf?

Weshalb muss ich das noch erleiden? Kennen Sie solche Fragen?

Ich denke: - Die meisten von uns haben sich schon so gefragt und geklagt. Und wir alle kennen Menschen, die so klagen. Und dann fällt es uns schwer, mit der heutigen Losung zu sagen:

„Die Wege des HERRN sind richtig; und die Gerechten wandeln darauf; aber die Übertreter kommen auf ihnen zu Fall." (Hosea 14,30)

Und doch glaube auch ich: - Gottes Wege sind richtig! Wir verstehen das oft nur viel später. Mir hat es in meinem Leben; - und in meiner Arbeit als Pfarrer geholfen, dass ich im Studium von einem Professor gelernt habe:

Wir müssen in der Seelsorge Menschen helfen von der „Warum?“ – Frage zur „Wozu?“ – Frage zu kommen.

Dann werden manche Stolpersteine, über die wir auf unseren Lebenswegen fallen, gar vom Glauben abkommen könnten, für uns zu Hilfen, den richtigen Weg zu finden. Auch schwere Zeiten haben – wie wir später erkennen, einen Sinn, helfen, den richtigen Weg zu finden. Dass auch Sie das erkennen können, das wünsche ich Ihnen für diesen Tag und Ihr Leben.

Mittwoch, 18.3.2015 - Gottvertrauen

Wie kann ich voll Vertrauen den nächsten Schritt wagen?

Ich weiß doch nie, was im nächsten Augenblick passiert.

Ich könnte mich verkriechen, aber auch dann wäre ich nicht sicher.

Unsere Welt, unser Leben, ist und bleibt gefährlich. Auch jetzt, in diesem Augenblick erleben Menschen einen der schrecklichsten Momente ihres ganz persönlichen Lebens. Irgendwo ereignet sich sicher auch jetzt gerade ein Unglück.

Ich weiß das. Und dennoch lade ich Sie ein:

Sagen Sie mit dem Beter des 63. Psalms, mit der Losung des heutigen Tages voll Vertrauen zu Gott:

„Meine Seele hängt an dir; deine rechte Hand hält mich.“ (Psalm 63,9)

Natürlich gibt es schlimme Erfahrungen in jedem Leben. Aber wir dürfen zugleich wissen: Unsere Seele hängt an Gott. Wir haben bei ihm eine letzte Heimat und nichts und niemand kann uns aus seiner Hand reißen, - auch wenn wir das manchmal befürchten, weil wir Schweres, das wir erleiden, nicht verstehen.

Auch in den dunkelsten Stunden unseres Lebens sind und bleiben wir in Gottes Hand. Er hält uns - auch Sie - an diesem Tag, in diesem Augenblick.

Donnerstag, 19.3.2015 - Ist Gott ungerecht?

„Ist Gott ungerecht?“ – Immer wieder höre ich diese Frage.

Warum geht es so vielen Menschen, die nur Gutes tun, so schlecht, während manche Verbrecher in Saus und Braus leben? ... Warum hilft der liebe Gott nicht, wenn unschuldige Kinder in Kriegen oder Katastrophen umkommen? …

Ich kann diese Fragen verstehen. Sie treiben viele um.

Wo ist Gott, wenn unschuldige Menschen leiden müssen?

Immer wieder bohrt diese Frage in uns. Aber dürfen wir Gott wirklich so fragen?

“ **Ja, lieber Mensch, wer bist du denn,**

dass du mit Gott rechten willst?“ (Römer 9,20)

So sagt der Apostel Paulus im heutigen Lehrtext der Herrnhuter.

Er zeigt uns damit, wo unsere Stellung im Gegenüber zu Gott ist.

Wir sind nicht die Herrn der Welt, vor denen Gott sich rechtfertigen müsste. Wir haben nicht den Überblick, sondern sehen immer nur einen kleinen Teil … Wir sind selbst ganz und gar ein Werk Gottes. Alles, was geschieht, hat er gemacht, auch uns. – Wie könnten wir da Gott zurechtweisen? ...

Wir verstehen nicht, warum manches so und nicht anders sein muss. - Aber wir dürfen darauf vertrauen, dass Gott alles weise geordnet hat.

Freitag, 20.3.2015 - Gottes Wege

Was zählt im Leben? … Was wünschen wir uns? – Unser Leben dreht sich um Geld, Macht und Sex. Luther hat das schon gesagt, als ihm Menschen vorschlugen, doch in sich zu gehen, um das Heil zu finden. Da hat er ganz trocken gesagt: „Wenn ich in mir suche, dann finde ich einen nackend Weib, einen Sack Gold oder komme nach Spanien (dem damaligen Zentrum der Macht).“ – eben Sex, Geld und Macht.

Das sind die Triebfedern unseres Lebens. …

Aber ist das wirklich das, was zählt im Leben?

„Gott hat die Mächte und Gewalten ihrer Macht entkleidet

und sie öffentlich zur Schau gestellt und hat einen Triumph

aus ihnen gemacht in Christus.“ (Kolosser 2,15)

So sagt uns der Apostel im Kolosserbrief. In Jesus Christus hat Gott uns deutlich gemacht, dass diese Mächte, die unsere Welt und uns regieren, ihre Macht verloren haben. In Jesu Tod am Kreuz wird deutlich: Gott geht genau den anderen Weg, um uns zu retten. Er wird nicht reich und mächtig, - ein großartiger König. Er leidet für uns am Kreuz. - Äußerlich ein gescheitertes Leben. Aber in ihm allein finden wir das Heil. Jeder Freitag ist ein kleiner „Karfreitag" und darum fasten heute viele, verzichten, weil sie merken: - Das kann auch mir Kraft geben.

8. Die achte Woche (13.7. bis 17.7. 2015)

Eine weitere Woche der Beschäftigung mit den Herrnhuter Losungen als Wort für den Tag

Montag, 13.7. 2015 - Buße

Mit dem Ruf zur Umkehr hat Jesus seine Wirksamkeit begonnen.

Er hat zur Umkehr zu Gott gerufen, - wie viele andere vor ihm auch …

Wie aber erkennen wir, dass jemand wirklich umkehrt?

Als Pfarrer begegnen mir immer wieder Kritiker der Kirche, die abfällig von uns Christen sagen: „Die tun fromm, laufen in die Kirche!

Aber wirklich ändern tun sie nichts! “

Mir tut das jedes Mal weh.

Manchmal muss ich uns da auch in Schutz nehmen.

Es passiert viel Gutes in unseren Gemeinden.

Aber insgesamt denke ich dennoch: - Wir alle sollten diese Kritik täglich neu hören: Schon der Prophet Joel hat seinem Volk gesagt:

„Zerreißt eure Herzen und nicht eure Kleider

und bekehrt euch zu dem Herrn, eurem Gott.“ (Joel 2,13)

Äußerlich – mit frommem Gebärden – Reue zeigen - genügt nicht.

Veränderung beginnt erst da, wo wir unser Herz berühren lassen, wirklich erkennen, - und das zerreißt einem manchmal regelrecht das Herz, dass wir etwas falsch gemacht haben, was wir nicht wieder gut machen können. Aber wenn wir das erkennen, können wir umkehren.

Und das sollten wir tun. Gleich heute dürfen wir damit beginnen.

Dienstag, der 14.7.2015 - Schutz und Schirm

Für mich beginnt der Morgen mit dem Lesen der Losungen.

Ich finde es schön und hilfreich, ein gutes Wort – mal ermahnend, mal stärkend – gleich am Morgen zu hören. Und es dann immer mal wieder im Laufe des Tages zu bedenken, zu schauen, ob es etwas mit meinen täglichen Erfahrungen und Erlebnissen zu tun hat.

Besonders gerne höre ich natürlich, wenn mir etwas Gutes zugesprochen wird, wenn mir Mut gemacht wird. Heute dürfen wir ein solch gutes Wort hören, das uns mit seinem Zuspruch durch den Tag begleiten und Mut machen will:

„Geh hin, der Herr sei mit dir!“ (1. Samuel 17,37)

Es schenkt mir Kraft und Zuversicht, wenn ein anderer mir zuspricht: Gott ist mit dir! - So denke ich noch heute gerne an meine Konfirmation und meine Ordination zurück. Da habe ich diesen Zuspruch erfahren.

Und darum gehört es für mich zu meinen schönsten Pflichten als Pfarrer, dass ich Menschen in besonderen Situationen ganz persönlich unter Handauflegung den Segen zusprechen darf: Der Herr ist mit Dir!

Das darfst Du für diesen Tag, das darfst Du für Dein Leben wissen.

Gottes Schutz und Schirm begleitet Dich auf allen Lebenswegen, durch alle Höhen und Tiefen, - was auch kommen mag.

Mittwoch, der 15.7.2015 - Hilfe

Haben Sie sich schon auf andere verlassen; - und sind enttäuscht worden? Ich habe das schon öfter erleben müssen.

Und es ist jedes Mal wieder eine schwere Enttäuschung.

Aber eigentlich sollte ich es doch wissen.

Die heutige Losung sagt es uns klar und deutlich:

“Verlasset euch nicht auf Fürsten und Menschen,

die können ja nicht helfen.“ (Psalm 146,3)

Wenn ich mich auf Menschen verlasse, dann bin ich verlassen.

Ich weiß es doch genau. Warum bin ich also immer wieder so dumm, mich doch wieder auf Menschen zu verlassen, ihnen zu vertrauen? …

Aber: - Ganz ohne Hilfe anderer geht es eben auch nicht.

Jeder und jede von uns braucht andere, die ihm oder ihr helfen.

Wir können nie alles ganz allein schaffen.

Und ohne ein solches Vertrauen gäbe es keine Ehen mehr, keine Gemeinschaft, denn auch unsere Vereine leben davon, dass man sich aufeinander verlassen kann. Wir brauchen Vertrauen.

Aber wir sollen zugleich wissen: Letzten Halt haben wir allein bei Gott, der uns seine Liebe in der Taufe versprochen hat.

Er verlässt uns nicht, auch wenn wir das manchmal denken.

Auf seine Liebe können wir uns verlassen.

Donnerstag, der 16.7.2015 – Gott

„Wieso ist Gott nur so? – Kann das wirklich so richtig sein?“

„Ich begreife ihn nicht.“ – Viele Menschen haben schon mit mir gesprochen, die mir genau das gesagt haben: „Ich verstehe Gott nicht!“

„Warum lässt Gott dieses oder jenes nur zu?“

Gott ist und bleibt ein Geheimnis. Wenn wir ihn einfach so verstehen könnten, wäre er nicht Gott. Gott ist keine mathematische Formel, die wir genau erklären können.

Der Prophet Jesaja sagt seinem Volk in der schweren Zeit des Exils, in der sie als Verbannte in einem anderen Land leben mussten:

“So viel der Himmel höher ist als die Erde, so sind meine Wege höher als eure Wege und meine Gedanken als eure Gedanken.“ (Jesaja 55,9)

Damals konnte man den Himmel noch nicht mit einer Rakete erreichen, selbst vom höchsten Berg aus – das wusste man - war der Himmel nicht erreichbar. Wir können Gott nicht verstehen.

Das sagt der Prophet mit diesem Bild ganz deutlich.

Aber: - Das müssen wir ja auch gar nicht.

Wir dürfen trotzdem glauben: Wie der Himmel diese Erde schützt und schirmt, so ist Gott eben doch auch für uns da, - auch dann, wenn wir seine Wege nicht verstehen, klagen, warum er uns dieses oder jenes nur zu tragen aufgibt.

Er ist da und hält uns in seiner gütigen Hand.

Freitag, der 17.7.2015 – Gottes Wege

Von wem lassen Sie sich etwas sagen?

Wenn wir klein sind, hören wir auf unsere Eltern.

Manchmal hören wir auch auf unsere Großeltern.

Irgendwann aber, - wenn wir größer werden, - wollen wir eigene Wege gehen. Dann rebellieren wir gegen Vorschriften der Eltern.

Dabei machen wir auch schmerzliche Erfahrungen; -

Im Rückblick stellen wir dann oft fest:

So unrecht hatten die Eltern mit ihren Warnungen gar nicht! …

Heute sind viele Menschen so, dass sie von Gott nichts mehr hören wollen. Sie meinen, sie könnten ihr Leben allein in den Griff bekommen.

Doch, wenn ich das richtig sehe, leiden viele zugleich darunter.

Es fehlt ihnen eine klare Richtschnur, eine Wegweisung.

Der Beter des 25. Psalms fragt sich darum:

„Wer ist es, der den Herrn fürchtet?

Ihm weist er den Weg, den er wählen soll.“ (Psalm 25,12)

Es ist für uns selbst und unser Leben von Vorteil, wenn wir auf Gott hören, uns nach seinem Wort richten. Das aber tun wir nur, wenn wir Gott „fürchten“, wie der Beter sagt, Ehrfurcht vor ihm haben. Wer über Gott spottet, der wird sich von ihm auch nichts sagen lassen. Aber der wählt dann eben auch nur zu schnell den falschen Weg, den Weg, der ins Nichts führt.

9. Die neunte Woche (26.10. bis 30.10. 2015).

Meine Liebe zur Reformation und der evangelischen Kirche

Montag, 26.10. 2015 - Eigene Sprache

Sonnabend ist Reformationstag. – Was aber feiern wir an diesem Tag?

Manche Menschen sehen da nichts Großartiges.

Vieles, was wir der Reformation verdanken ist heute selbstverständlich, wird darum nicht mehr als etwas Besonderes empfunden; – deshalb auch nicht so wert geschätzt. - Vielleicht können wir da ja von den weit überwiegend römisch-katholischen Slowenen lernen.

In Slowenien ist der Reformationstag staatlicher Feiertag.

Die Slowenen wissen: Dass unsere Sprache Schriftsprache ist, verdanken wir der Reformation, der Bibelübersetzung von Primoz Trubar.

Ohne die Reformation und Primoz Trubars Bibelübersetzung gäbe es die Slowenische Sprache nicht als Schriftsprache und darum sicher auch nicht die eigene Identität der slowenischen Nation.

Darum wird im katholischen Slowenien am Sonnabend gefeiert und natürlich auch ein Evangelischer Gottesdienst im Fernsehen ausgestrahlt.

Wir sollten darüber auch in unserem Land nachdenken, denn Luther hat mit seiner Bibelübersetzung unsere Deutsche Sprache mindestens ebenso geprägt, wie Primoz Trubar die Slowenische Sprache.

Dienstag, 27.10.2015 - Gemeindegesang

Am Sonnabend feiern wir die Reformation, unsere evangelische Kirche.

Warum tun wir das? … Weil wir der Reformation den Gemeindegesang verdanken. Der alte Gottesdienst wurde von Priestern, Vorsängern und Chören gestaltet, die Gemeinde hat nur zugehört.

Wenn Sie im Urlaub mal in Griechenland, Rumänien oder Russland sind, können sie das in Orthodoxen Gottesdiensten erleben. Da hört man ehrfurchtsvoll zu und staunt. Da singen die Aktiven für uns die Göttliche Liturgie. ... Das ist auch mal ganz schön, aber auf Dauer stärkt es mich nicht im Glauben.

Für mich gehört es einfach dazu, dass nicht Einzelne für andere den Gottesdienst feiern, sondern wir alle eingeladen sind, gemeinsam zu feiern, - darum auch alle wichtig sind. Jede Stimme zählt. Auch ich mit meiner Stimme bin wichtig! - Ein Teil des Ganzen, nicht nur Zuhörer und Konsument. Und zugleich ist der Gemeindegesang zur Orgel gnädig.

Wenn ich mal einen anderen Ton singe, klingt das Ganze immer noch schön. Ich darf mich vom Gemeindegesang tragen lassen und gehöre dazu: - Ich bin beteiligt!

Im Gemeindegesang wird so sinnlich erfahrbar, was Luther und die Reformatoren das „Priestertum aller Gläubigen" genannt haben.

Mittwoch, 28.10.2015 - Männer und Frauen

Am Sonnabend ist Reformationstag.

Ich bin gerne evangelisch und freue mich, dass wir die Evangelische Kirche haben, denn in ihr ist wiederentdeckt worden, was lange Zeit in der Kirche vergessen war: Paulus sagt es so:

„Hier ist nicht Jude noch Grieche, hier ist nicht Sklave noch Freier, hier ist nicht Mann noch Frau, denn ihr seid allesamt einer in Christus Jesus." (Galater 3,28) –

Frauen sind wie Männer fähig und in der Lage zum Dienst am Wort.

Es darf nicht nur Nonnen und Diakoninnen geben, sondern eben auch Pfarrerinnen und Bischöfinnen. Frauen können und dürfen das Wort verkündigen und die Sakramente verwalten. - Auch wenn es von der Reformation an noch lange Zeit gedauert hat, bis das in unserer Kirche so möglich war, hat die Reformation den Grundstein dafür gelegt, denn sie hat erkannt:

Kirche muss sich ständig an der Bibel messen, Fehler erkennen und deshalb ändern, um wieder mehr dem ursprünglichen Evangelium zu entsprechen.

Kirche muss, gerade um sich treu zu bleiben, verändern, eben reformieren.

Diese Erkenntnis verdanken wir der Reformation.

Und darum feiere ich das Reformationsfest gerne.

Donnerstag, 29.10.2015 - Christus allein

Am 31. Oktober, am Sonnabend, ist wieder Reformationstag.

Wir feiern diesen Tag und freuen uns an unserer evangelischen Kirche.

Mir ist das bei einem Urlaub in Österreich körperlich fühlbar deutlich geworden; - in den prunkvollen barocken Kirchen mit den vielen Heiligen und vor allem dem größten und schönsten Altar, der immer der Gottesmutter Maria gewidmet war.

Dort brannten die Kerzen, dort haben die Menschen gebetet, nicht vor dem Kreuz auf dem Hauptaltar.

Mir hat das jedes Mal einen Stich ins Herz gegeben.

Ich habe mich dann bewusst zum Gebet in die erste Reihe vor den Hochaltar gesetzt und zu Jesus gebetet, denn ich weiß:

Ich kann mit ihm wie mit einem Bruder reden. Ich darf mich direkt an Gott wenden, denn er ist mein Vater, weil er in Jesus Christus mein Bruder geworden ist. - Es gibt nichts Schöneres als diese Gewissheit.

Nichts und niemand kann mich von Gott trennen, -

und nichts und niemand kann sich zwischen mich und Gott drängen.

Darum bin ich gerne evangelisch, lese die Bibel und rede im Gebet mit Jesus Christus als meinem Bruder und Gott als meinem lieben Vater.

Freitag, 30.10.2015 - Freude der Buße

Morgen ist Reformationstag. In unseren evangelischen Gemeinden gibt es viele verschiedene Gottesdienste und Andachten.

Und manchmal wird dann hoffentlich auch daran erinnert:

Die Reformation begann mit dem Aufruf zur Buße.

„**Da unser Herr und Meister Jesus Christus gesagt hat: „Tut Buße und glaubt an das Evangelium ...“, hat er gewollt, dass das ganze Leben eines Christen Buße sei.**“

So sagt Luther in seiner ersten These.

Wir dürfen immer wieder neu überlegen: Was ist falsch in meinem Leben? Wo werde ich schuldig? Wo muss ich umkehren?

Und wir sollen und dürfen es dann auch fröhlich tun, weil wir wissen:

Gott schenkt uns seine Vergebung!

Wir müssen sie uns nicht mit Ablässen erkaufen oder mit so und so vielen Gebeten und frommen Leistungen und Wallfahrten verdienen.

Wenn wir Gott ernsthaft bitten, uns unsere Sünde um Jesu willen zu vergeben, wird er es tun. Denn Gott ist treu.

Deshalb bin ich gerne evangelisch und freue mich, dass die evangelische Farbe die liturgische Farbe lila ist, die Farbe der Buße. Wir dürfen fröhlich umkehren: Buße ist etwas Schönes und Fröhliches!

10. Die zehnte Woche (22.2. bis 26.2. 2016)

Eine Woche mit dem Kirchenjahr in der Passionszeit: Reminiscere

Montag, 22.2. 2016 - Gottes Liebe

Was heißt Liebe?

Woran erkennen wir, dass ein Mensch einen anderen Menschen liebt?

Liebt der am meisten, der einen anderen heiß begehrt?

Oder liebt der nur sich selbst, sein Vergnügen? … -

Liebe ist für mich: - Dass ich für einen anderen da bin. Dass ich für ihn oder für sie alles tun möchte, ihr Wohl höher schätze als meines.

So lieben Eltern ihre Kinder. Sie tun alles, damit es ihnen gut geht.

Und genau so ist es mit Gottes Liebe zu uns:

„Gott erweist seine Liebe zu uns darin, dass Christus für uns gestorben ist, als wir noch Sünder waren.“ (Römer 5,8)

So sagt der Apostel Paulus im Wochenspruch dieser zweiten Woche der Passionszeit. Gottes Liebe zu uns Menschen zeigt sich darin, dass er in seinem Sohn den Tod für uns auf sich genommen hat.

Er hat uns so sehr geliebt, dass er sein eigenes Leben für uns gegeben hat. Wir haben in unserer Kirche in den nächsten Wochen eine Ausstellung mit Figuren zum Leben Jesu des Polnischen Holzschnitzers Roman Sledz, die genau das deutlich machen: Christus leidet für uns.

Er setzt sein Leben für uns ein. So sehr liebt er uns!

Dienstag, 23.2.2016 - Gottes Weinberg

Wie helfe ich Menschen, sich selbst zu erkennen?

… zu sehen, was sie falsch machen? … sich zu ändern?

Das ist nicht einfach.

Wenn man anderen seine Kritik einfach anklagend ins Gesicht sagt, besteht die Gefahr, dass sie alles nur leugnen und abstreiten.

Geschickter ist es, sie dazu zu verführen, sich selbst zu verurteilen.

Der Prophet Jesaja tut genau das. Darum singt er sein Lied vom Weinberg, - vom Freund, der alles für seinen Weinberg getan hat, ihn als guter Bauer angelegt und mit viel Liebe gepflegt hat. … Doch dann: - Bringt der Weinberg Frucht? - Nein!

Alle Zuhörer sind enttäuscht. Sie wissen, wie viel Arbeit ein Weinberg macht, und wie enttäuschend es ist, wenn die Ernte ausbleibt.

Erst jetzt sagt der Prophet ihnen:

Ihr seid der Weinberg Gottes: Alles hat Gott euch geschenkt.

Er hat euch versorgt. Und was bringt Ihr an Frucht? –

„**Rechtsbruch statt Rechtsspruch**!" (Jesaja 5,7)

Ich denke: - Auch wir sollten das für uns heute hören.

Wir sind nicht besser als das Volk Israel.

Gott hätte allen Grund von uns enttäuscht zu sein.

Und doch liebt er uns. Darüber freue ich mich!

Mittwoch, 24.2.2016 - Frieden mit Gott

Wir alle wünschen uns Frieden!

Wir vermissen ihn in der Welt. Wir erschrecken, wie Menschen miteinander umgehen, gar meinen, andere wahllos töten zu dürfen.

Was aber schenkt Frieden? – Gibt es überhaupt je Frieden?

Ein Blick in unsere Welt und: - uns wird Angst und Bange! …

Was wir wohl noch an Kriegen, Bürgerkriegen, - an Terror, Mord und Anschlägen erleben werden? …

Die Welt scheint sich niemals zu ändern. Manche sagen sogar:

Alles entwickelt sich nur immer weiter zum Schlechten!

Der Apostel Paulus jedoch sagt im fünften Kapitel seines Römerbriefes:

„**Da wir nun gerecht geworden sind durch den Glauben, haben wir Frieden mit Gott durch unseren Herrn Jesus Christus**;" (Römer 5,1)

Der Glaube an Jesus Christus kann uns retten.

Das ist nämlich ein Glaube, der deutlich macht: - Es liegt nicht an uns, unserem Verhalten, unseren Leistungen, dass die Welt besser wird:

Es liegt allein an Gott! Nicht wir retten und erlösen die Welt, sondern: - Gott rettet uns alle in seinem Sohn; - auch die anderen!

Wenn wir das erkennen, werden wir gerecht durch den Glauben - und dann haben wir Frieden; - mit Gott - und der Welt.

Donnerstag, 25.2.2016 - Christus allein

Worauf gründen wir unser Leben?

Was gibt uns Halt und Sicherheit?

Unser Reichtum und Besitz? – Unsere Leistungsfähigkeit und Gesundheit? – Das, was wir schaffen und können?

Wenn ich Besuche mache, dann sagen die Leute meistens:

„Hauptsache gesund! – Das ist das Wichtigste!"

„Der Stein, den die Bauleute verworfen haben, der ist zum Eckstein geworden. Vom Herrn ist das geschehen und ein Wunder vor unseren Augen." (Markus 12,10)

So sagt Jesus im Evangelium dieser Woche. Er zitiert damit einen Psalm und macht deutlich: Gott gründet sein Reich, sein Heil, das er uns allen schenkt, gerade auf den Eckstein, den die Bauleute verworfen haben.

Wir gehen alle nur zu oft achtlos an Jesus Christus vorbei.

Wir wollen von ihm nichts wissen.

Wir wollen viel lieber alles selbst machen und selbst können.

Doch wir leben davon, dass er sein Leben für uns gegeben hat.

Darum feiern wir Christen auch in diesem Jahr wieder die Passionszeit, denken über Jesu Leiden und Sterben für uns nach.

Er hat uns gerettet. Und das dürfen wir uns einfach so schenken lassen.

Darauf gründe ich mein Leben.

Freitag, 26.2.2016 - „Warum?“

Krieg, Bürgerkrieg, Terror und Not; - so unendlich viel Leid! …

Ich kann gut verstehen, dass Menschen enttäuscht oder ärgerlich fragen: „Warum lässt Gott das nur zu? – Gibt es ihn womöglich gar nicht?“

Auch die Beter im alten Israel haben sich das schon gefragt.

Sie haben erlebt, wie Gottlose triumphieren und meinen, sie könnten machen, was sie wollen, denn Gott sieht es ja nicht.

Die Bösen werden für ihre Bosheit nicht bestraft und die Guten für ihren Einsatz nicht belohnt.

Und doch widerspricht der Beter des Psalms dieser Woche in seinem Gebet voll Vertrauen diesen Erfahrungen, indem er zu Gott sagt:

„Das Verlangen der Elenden hörst du, Herr; du machst ihr Herz gewiss, dein Ohr merkt darauf, dass du Recht schaffest den Waisen und Armen, dass der Mensch nicht mehr trotze auf Erden.“ (Psalm 10,17-18)

Letztlich hört Gott auf das Gebet der Armen und Elenden!

Er hört sie und schafft Recht; - auch wenn es manchmal lange Zeit dauert. Darauf dürfen wir vertrauen! - Und: Darum können wir nur bitten.

Wenn wir das tun, werden wir merken: Das Gebet verändert uns. Es lässt uns anders umgehen, - mit der Welt und uns selbst.

11. Die elfte Woche (18.7. bis 22.7. 2016)

Eine weitere Woche mit dem Kirchenjahr: 8. Sonntag nach Trinitatis

Montag, 18.7. 2016 - Salz der Erde

Haben Sie beim Kochen oder Backen auch schon mal die Prise Salz vergessen? – Dann schmeckt alles nur schal und fad; - nach nichts.

Ein wenig Salz; - und schon schmeckt alles viel besser.

Ich weiß natürlich, unsere Ärzte sagen:

Wir essen alle viel zu viel Salz. Das ist ungesund für uns.

Übertreiben sollten wir es mit dem Salz also auf keinen Fall.

Aber ganz ohne Salz geht es eben auch nicht. Dann schmeckt es uns einfach nicht.

Jesus sagt im Evangelium zu seinen Jüngern und damit zu uns Christen:

„Ihr seid das Salz der Erde.“

Damals war das Salz sehr kostbar. Es wurde über weite Handelswege, die Salzstraßen, in alle Welt gebracht. Und: - So wichtig und so kostbar sind auch wir.

Wir dürfen wissen:

Glaube und Vertrauen auf Gott tut genauso gut, wie die Prise Salz am Essen. Wenn wir Gott vertrauen, unser Leben in Verantwortung vor ihm führen, werden wir auch selbst zu Salz im Leben anderer, …

weil wir ihnen helfen, besser mit dem Leben zurechtzukommen.

Das ganze Leben schmeckt einfach besser, wenn wir es mit einer Prise Glauben und Hoffnung zu uns nehmen.

Dienstag, 19.7.2016 - Kinder des Lichts

Wenn am Morgen die Sonne scheint, geht es uns gleich besser.

Dann freue ich mich jedenfalls viel mehr auf den neuen Tag.

Licht schenkt Freude und Leben.

Und darum fordert uns der Apostel im Epheserbrief auf:

„Lebt als Kinder des Lichts!“

Auch wir können mit der Art, wie wir leben, Licht und Sonnenschein in das Leben anderer bringen. Ich denke, dass haben Sie alle schon erlebt, dass ein Mensch nur hereinkommen muss und man hat das Gefühl: Die Sonne geht auf.

Ein fröhlicher oder fürsorglicher Mensch kann uns so zum Licht werden. Und auch wir selbst dürfen so für andere, - füreinander da sein.

Und darum sagt der Apostel:

„Die Frucht des Lichts ist lauter Güte, Gerechtigkeit und Wahrheit.“

Ich wünsche uns allen, dass wir so miteinander leben können.

Wenn einer für den anderen da ist, - wir nicht nur unseren eigenen Vorteil suchen, sondern auch das, was für die anderen gut ist und offen und ehrlich leben, dann denke ich, dass wir alle viel fröhlicher und schöner miteinander leben.

Als Christen können wir uns dazu jeden Tag neu ermuntern.

Denn wir wissen: Gottes Licht scheint in unserem Leben.

Mittwoch, 20.7.2016 - Schwerter zu Pflugscharen

Frieden! – Wann wird es wohl endlich Frieden geben in der Welt! ...

Wir hier in Zentraleuropa haben schon eine lange Zeit des Friedens erleben dürfen. Aber auch in diesen Jahren hat es immer irgendwo auf der Welt Krieg gegeben. Wir Menschen setzen mehr Energie und Mittel ein, um immer bessere Waffen zu entwickeln als darein, wie man Hunger und Not in der Welt beseitigen könnte.

Der Prophet Jesaja sagt in seiner großen Vision vom endgültigen Frieden:

„Da werden sie ihre Schwerter zu Pflugscharen und ihre Spieße zu Sicheln machen“ – Aus Kriegsgeräten werden landwirtschaftliche Geräte.

Man kann das als Illusion und Traumtänzerei abtun.

„So wird unsere Welt nie sein! – Das ist doch reines Wunschdenken!“

Viele gehen so mit diesen Gedanken um; - und dann kann natürlich auch niemals irgendetwas besser werden.

Der Prophet aber sagt am Ende seiner großartigen Vision; - und am Gebäude der Vereinten Nationen in New York ist ausgerechnet dieser Satz leider weggelassen: „ **Kommt nun, ihr vom Hause Jakob, lasst uns wandeln im Licht des Herrn!“**

Lasst uns doch schon mal bei uns und in unserem Umfeld damit anfangen, so zu leben; - auch wenn die Welt noch nicht so ist.

Dann ändert sich etwas!

Donnerstag, 21.7.2016 - Tempel

„Mein Bauch gehört mir"

„Ich bin mein eigener Herr" – „Mit mir kann ich machen, was ich will"

So denken viele Menschen.

Aber auch wir selbst sind nicht unser Besitz; - genauso wenig wie unsere Kinder oder irgendwelche anderen Menschen je unser Besitz sein können. Wir haben auch uns selbst nur als Geschenk für eine Weile bekommen. Der Apostel sagt seiner Gemeinde darum: **„Wisst ihr nicht, dass euer Leib ein Tempel des Heiligen Geistes ist, der in euch ist und den ihr von Gott habt und dass ihr nicht euch selbst gehört?"** (1. Korinther 6,19)

Ich denke, es täte uns allen gut, wenn wir zumindest hin und wieder mal darüber nachdenken würden. Dann würden wir auch nicht so leichtfertig mit unserem Leben und dem Leben anderer umgehen.

Alles Leben ist ein Geschenk Gottes.

Wir alle können nur immer wieder staunen über seine Liebe und Güte. Und: - Gott sei Dank geht es fast allen Menschen so, wenn sie ein kleines Kind auf den Armen halten, es anlächeln und sich mit diesem Kind beschäftigen.

Man kann dann einfach nur dankbar über das Wunder des Lebens staunen, das Gott uns auch in diesem Kind wieder geschenkt und anvertraut hat. Solch dankbares Staunen wünsche ich auch Ihnen!

Freitag, 22.7.2016 - Blindheit

Blindheit muss schrecklich sein; - denke ich.

Ich liebe Kunst und Schönheit. Und freue mich daran.

Ich stelle es mir schrecklich vor, nichts sehen zu können.

Und doch erleben das viele Menschen; - jeden Tag, -

leben damit. … Manchmal sogar besser als wir Sehenden.

Im Evangelium wird davon berichtet, dass Jesus Blinde geheilt hat.

Das war sicher schön für die Geheilten; -

Aber ist das ein Trost für heutige Blinde?

Ich kann niemanden von seiner Blindheit heilen.

Aber ich denke, es gibt auch eine Blindheit im übertragenen Sinne, -

eine Unfähigkeit, die Wahrheit des Lebens zu erkennen.

Und von dieser Blindheit befreit der Glaube.

Das haben unzählige Menschen schon erfahren dürfen.

Sie alle kennen sicher Erfahrungen, die wir mit den Worten umschreiben:

„Da ist es mir wie Schuppen von den Augen gefallen und plötzlich war alles klar; - ich habe verstanden …“ - Wer glaubt, sieht und versteht.

Wer nicht glaubt, ist blind für die Wahrheit Gottes.

Wir dürfen mit den Augen des Glaubens die Welt als Gottes Welt sehen.

Ich wünsche ihnen, dass auch sie diese Erfahrung machen dürfen: Meine Augen werden aufgetan! - Ich kann verstehen!

12. Die zwölfte Woche (19.12. bis 23.12. 2016)

4. Advent bis Weihnachten

Montag, 19.12. 2016 - Freude

Ich hoffe, Sie freuen sich auf Weihnachten!

Auch wenn in den letzten Tagen oft der Stress noch einmal zunimmt.

So vieles muss noch erledigt werden…

„Habe ich auch nichts und niemanden vergessen? …"

Und dann gibt es ja auch Menschen, die haben Angst vor diesem Fest der Liebe und Familie, weil sie allein sind, - niemanden haben …

Und dennoch ruft uns diese letzte Woche im Advent mit dem Wochenspruch aus dem Philipperbrief des Apostels Paulus zu:

„Freuet euch in dem Herrn, allewege,

und abermals sage ich: Freuet euch! Der Herr ist nahe!" (Philipper 4,4)

Immer und überall dürfen wir uns freuen.

Nicht nur zu Weihnachten. Aber jetzt ganz besonders.

Denn: „Der Herr ist nahe!"

Wir dürfen wissen: Gott kommt auch zu uns.

Er wird ein Mensch wie wir, kommt herab, bleibt nicht der Allmächtige, Ewige, Unberührte, - fern und unnahbar …, sondern: er wird ein kleiner hilfloser Mensch, gibt sich in unsere Hände.

Ich freue mich auf Weihnachten.

Dienstag, 20.12.2016 - Marias Freude

Der vierte Advent erinnert uns an Maria.

Sie ist die Mutter Jesu; - sie darf den Heiland zur Welt bringen.

Sie ist ein einfacher Mensch, - wie du und ich.

Deshalb kann sie es nicht fassen, als ihr der Engel die gute Nachricht bringt, dass sie den Messias gebären soll.

Aber sie lässt es geschehen, denn sie weiß: „Ich bin Gottes Magd"

Und sie freut sich darüber. Denn sie merkt:

Das, was ihr geschieht, - dass Gott gerade das Niedrige, Einfache, Kleine und Unbedeutende annimmt, - kann uns Hoffnung für uns und unsere Welt geben. Sie singt einen Psalm, jubelt darüber, dass Gott die Welt verändert und beginnt ihr Gebet so: „**Meine Seele erhebt den Herrn,**

und mein Geist freuet sich Gottes, meines Heilandes". (Lukas 1,46f.)

Auch wir dürfen Gott mit unserem Gebet „erheben", -

seinen Ruhm vermehren.

Wir können uns freuen, dass Gott auch uns mit allen unseren Zweifeln, Ängsten und Schwierigkeiten ansieht, uns seine Liebe schenkt, denn auch für uns ist er Mensch geworden. Ganz nah will er uns sein.

Darum feiern wir Weihnachten.

Mittwoch, 21.12.2016 - Thomas

Heute ist der Tag des Apostels Thomas.

Ich habe heute Geburtstag und ich bin Pfarrer an einer Thomaskirche.

Das freut mich, denn mir ist dieser Thomas sehr sympathisch.

Er wollte nicht einfach alles glauben;

- nur weil andere ihm das so sagen.

Er wollte selbst sehen, Jesus berühren, damit er glauben könne.

Ich denke, vielen Menschen geht das so.

„Wenn ich es wirklich begreifen könnte; - könnte ich auch glauben."

Solche Worte habe ich schon oft gehört.

Und ich denke: - Genau darum feiern wir Weihnachten!

Deshalb ist dieses Fest der Geburt Jesu im Laufe der Jahre wichtiger geworden als das eigentliche alte Hauptfest der Christenheit,

das Osterfest, - das Fest der Auferstehung:

Das kleine Kind in der Krippe macht uns deutlich; - und diese Erfahrung können wir alle machen, wenn wir ein Baby auf dem Arm halten:

Gott liebt uns Menschen. Er wird einer von uns. Und darum können wir mit dem Apostel Paulus voll Vertrauen über Jesus sagen:

„**Denn auf alle Gottesverheißungen ist in ihm das Ja;**
darum sprechen wir auch durch ihn das Amen, Gott zur Ehre."
(2. Korinther 1,20)

Donnerstag, 22.12.2016 - Gottes Lamm

Noch zwei Tage, - dann ist Weihnachten.

Über die Freude an diesem Fest habe ich mit Ihnen in den

kleinen Beiträgen für diese Woche nachgedacht.

Wir dürfen uns freuen, dass Gott auch zu uns kommt.

Weihnachten können wir feiern, weil Gott, der Herr, sich herablässt zu uns, einer von uns wird, sich ganz in unsere Hände gibt.

Bei Johannes, der wie Markus keine Weihnachtsgeschichte erzählt,

sondern sein Evangelium mit der Taufe Jesu beginnt, sagt Johannes der Täufer über Jesus, als dieser zu ihm kommt, um sich taufen zu lassen:

„**Siehe, das ist Gottes Lamm, das der Welt Sünde trägt!**" (Johannes 1,29)

Weil Gott in seinem Sohn sich selbst verschenkt,

darum müssen wir keine Opfer mehr bringen.

Auf unseren Altären verbluten keine Tiere.

Da verbrennen auch keine Lebensmittel.

Denn wir wissen:

In Jesus, - in seinem Sohn, hat uns Gott alles geschenkt.

Da, wo wir das annehmen, da wird für uns Weihnachten,

denn da lassen wir uns von Gott alles schenken.

Und darum kommen für mich alle Weihnachtsgeschenke vom Christkind;

ja, dieses selbst ist das größte Geschenk; - das, das Gott uns macht!

Freitag, 23.12.2016 - Freudenboten

Morgen ist Weihnachten.

Als Pastor freue ich mich auf die volle Kirche,

auf die vielen Menschen, die die gute Nachricht hören wollen.

Der Prophet Jesaja hat in einer seiner alten Weissagungen

seinem Volk gesagt:

„Wie lieblich sind auf den Bergen die Füße des Freudenboten, der da Frieden verkündigt, Gutes predigt, Heil verkündigt, der da sagt zu Zion: Dein Gott ist König.“ (Jesaja 52,7)

Genau das sehe ich auch als meine Aufgabe an; - und:

Ich hoffe, dass es mir und allen Pastoren und Pastorinnen gelingt, für Sie dieses Jahr wieder zu solchen Freudenboten zu werden. – Aber: Auch wenn es mal nicht so klappt, bin ich sicher: Die gute Botschaft wird erklingen. Wir werden am Ende unserer Gottesdienste beim Läuten der Glocken singen „O du fröhlich, o du selige, gnadenbringende Weihnachtszeit …“ Damit werden wir alle füreinander zu Freudenboten.

Und ein wenig dieser Freude über die gute Botschaft nehmen wir dann sicher mit in unsere Wohnungen. Ich kann jedenfalls von mir nur sagen:

Für mich wird so richtig Weihnachten, wenn ich mit vielen vor dem Weihnachtsbaum in der Kirche dieses Lied singe.

13. Die dreizehnte Woche (15.4. bis 19.4. 2017)

Eine Woche im Kirchenjahr: Nach dem Sonntag Kantate

Montag, 15.5. 2017 - Singet dem Herrn

Der gestrige Sonntag fordert uns mit seinem lateinischen Namen zum Singen auf: - „Kantate" heißt: „Singet!"

Viele von uns aber singen leider nicht mehr.

Alle Chöre, die ich kenne, klagen darüber, dass sie nur schwer Nachwuchs bekommen. Und ich muss von mir ja auch zugeben:

Seit ich im Musikunterricht von meinem Lehrer für mein Vorsingen eine sechs bekommen habe; - und die Aussage: „Du kannst nicht singen!"; - habe ich das eben auch immer gesagt. Aber: - Jeder kann singen. Und: - Singen tut gut.

Es befreit und macht fröhlich

„Singet dem Herrn ein neues Lied,

denn er tut Wunder." (Psalm 98,1)

Ich habe das in der Kirche erfahren und erlebt.

Wenn die Orgel spielt, dann kann sich jeder trauen, mit zu singen.

Manchmal klappt es gut, manchmal auch nicht so.

Aber je öfter man es probiert, umso öfter klappt es auch.

Und man merkt und erlebt an sich selbst:

Singen macht fröhlich, es lässt uns das Leben leichter nehmen.

Deshalb: - Ich freue mich schon wieder auf den nächsten Gottesdienst.

Dienstag, 16.5.2017 - Dank für Strafe

Wenn ich mit Menschen über ihre Jugend spreche, erzählen sie oft von der Schule, von Menschen, die sie geprägt haben.

Und dabei kommt es immer wieder vor, dass gerade die strengen Lehrer besonders dankbar erwähnt werden.

Sie habe uns auf den richtigen Weg gebracht, weil sie uns nicht alles durchgehen ließen; - uns zur Umkehr gebracht haben.

Diejenigen aber, die keine Grenzen setzen, alles tolerieren,

sind schnell wieder vergessen.

Der Prophet Jesaja sagt darum in einem Lied von Gott:

„Ich danke dir, HERR, dass Du bist zornig gewesen über mich
und dein Zorn sich gewendet hat.“ (Jesaja 12,1)

Da dankt einer tatsächlich für Gottes Zorn! –

Auf den ersten Blick erstaunlich, befremdlich und unwahrscheinlich…

Aber tun wir nicht alle das Gleiche, wenn wir dankbar an die denken, die uns Grenzen aufgezeigt habe, indem sie an den richtigen Stellen auch mal streng und hart zu uns waren. Strenge und Zorn sind nur dann nicht zu ertragen, wenn sie völlig ungerecht und ohne Liebe – ganz willkürlich – über uns ergehen.

Bei Gott aber dürfen wir darauf vertrauen:

Er will nur Gutes für uns. Und darum dürfen wir auch bei Schwerem, das er uns auferlegt, hoffen, dass er uns damit weiter führen will.

Mittwoch, 17.5.2017 - Heilandsruf

Unsere Welt macht mir Angst.

Was wir da immer wieder an neuen Nachrichten über Krieg, Bürgerkrieg, Terror und Not hören müssen, kann uns nur erschrecken lassen.

Mir erzählen immer wieder Leute: - „Am liebsten möchte ich keine Nachrichten mehr hören … - Immer so viel Schreckliches …“

“Kommt her zu mir alle, die ihr mühselig und beladen seid;
Ich will euch erquicken!“ (Matthäus 11,28)

Jesus ruft uns alle so zu sich.

Mit allem, was uns belastet und Angst macht, dürfen wir zu ihm kommen, es ihm täglich neu im Gebet sagen.

Darum läuten die Glocken unserer Kirchen nicht nur, um zum Gottesdienst einzuladen, sondern ganz regelmäßig über den Tag verteilt, zumindest am Morgen, Mittag und Abend. Sie rufen uns damit zum Gebet. Sie rufen uns zu:

„Mit allem, was Dich belastet, darfst Du in Deinem Gebet Dich jetzt und hier, wo Du auch gerade bist, an Gott wenden."

Mir tut dieses Gebet gut; - auch wenn mich der Ruf der Glocken manchmal auf dem Fahrrad oder auch sonst auf dem Weg erreicht.

Ich halte inne, danke Gott, aber sage eben auch, was mich belastet.

Und das macht mich frei.

Donnerstag, 18.5.2017 - Neue Kleider

Wann sind Sie zum letzten Mal mit dem falschen Fuß zuerst aufgestanden? … Manchmal hat man das Gefühl:

Dies ist nicht mein Tag: - Dann ist man nur unzufrieden, missmutig und lässt nur zu oft den eigenen Ärger auch an anderen aus. Aber so soll es bei uns Christen nicht sein. Im Kolosserbrief ermahnt uns ein Nachfolger im Namen des Apostels Paulus und ruft uns zu:

"So zieht nun an als die Auserwählten Gottes,

als die Heiligen und Geliebten herzliches Erbarmen,

Freundlichkeit, Demut, Sanftmut, Geduld; …" (Kolosser 3,12)

Es wäre schön, wenn man seine Einstellung und Haltung einfach so wie Kleider aus und anziehen könnte.

Aber nur zu oft stellen wir fest: - So einfach komme ich nicht aus meiner Haut heraus! … Selbst wenn ich mich über mich selbst ärgere.

Ich weiß: Ich sollte viel freundlicher, sanftmütiger und geduldiger sein…

Aber dann bollere ich doch wieder los, weil mir etwas nicht passt.

Wer aber den Tag schon gleich mit einem Dank an Gott und Jesus beginnt, alles, was er anfasst, im Namen Jesu tut, der merkt, dass ihm das hilft, doch immer wieder zu Freundlichkeit, Sanftmut und Geduld zurück zu kehren. Und das wünsche ich auch Ihnen.

Freitag, 19.5.2017 - Gottes Gericht

Gottes Gericht hat schon vielen Menschen Angst gemacht.

Mit dem Gericht Gottes ist auch schon oft gedroht worden.

Manche Wahnsingen meinen sogar:

Sie hätten im Namen Gottes dieses Gericht an anderen zu vollziehen.

Aber all das ist völlig falsch. Gott allein ist der Richter aller Welt. Und am Ende werden wir staunend feststellen:

„Ja, seine Gerichte sind gut!“

Noch verstehen wir nicht viel, haben nur unsere kleine und begrenzte Einsicht. Aber am Ende werden wir die Wahrheit erkennen; - und staunend - anbeten; wie es in der Offenbarung heißt:

„Ja, alle Völker werden kommen und anbeten vor dir,

denn deine gerechten Gerichte sind offenbar geworden.“

(Offenbarung 15,4)

Noch aber ist es nicht so weit.

Darum klagen wir, darum streiten wir, - darum sind wir noch nicht eins im Gotteslob. Aber am Ende; - da werden wir es sein; - nicht weil uns jemand dazu zwingt, zum Glauben kann man niemanden zwingen, sondern weil uns allen klar wird: Gottes Handeln an uns ist gut.

Er hat alles richtig gemacht, - auch wenn wir manchmal über das eine oder andere nur klagen können.

Am Ende werden wir nur noch staunend loben.

14. Die vierzehnte Woche (7.8. bis 11.8. 2017)

Eine weitere Woche im Kirchenjahr: Nach dem 8. Sonntag nach Trinitatis

Montag, 7.8. 2017 - Kinder des Lichts

Abends wird es schon wieder früher dunkel…

Wir gehen auf den Herbst zu, dabei warten wir doch noch auf den Sommer; - freuen uns auf Licht und Sonne. Ich jedenfalls muss das von mir sagen:

Ich freue mich immer, wenn die Sonne scheint.

Mir geht es dann gleich viel besser. - Ich werde fröhlicher.

Und darum sagt der Apostel uns Christen:

„Lebt als Kinder des Lichts!"

Auch wir dürfen mit unserem Leben Licht und Freude in das Leben anderer bringen. Manchmal allerdings fällt uns das schwer.

Deshalb freue ich mich jedes Mal, wenn ich es bei unserem Kindergarten oder auch bei Besuchen erlebe, wie sich Kinder freuen, wenn die Eltern in den Kinderwagen schauen; - und wie Eltern eben auch von ihren Kindern sagen: „Mein Sonnenschein"…

Es ist schön, wenn andere uns sagen: Du bringst Licht, Liebe und Freude in mein Leben; - ich bin fröhlicher, wenn ich Dich sehe.

Es tut uns selbst gut, so etwas zu hören. Lasst uns darum täglich neu aufbrechen, so miteinander zu leben.

Dienstag, 8.8.2017 - Licht der Welt

Manchmal machen wir uns das Leben schwer.

Wie oft sagen wir: „Tu dies! – Mach jenes!" …?

Wir bevormunden einander, weisen einander zurecht.

Das ist sicher gut gemeint. Manchmal aber auch lästig.

Ich denke, wir alle haben schon gegen gute Ratschläge rebelliert;

spätestens als wir erwachsen wurden.

Auch in der Bibel gibt es viele gute Ratschläge und Hinweise dazu, was wir zu tun und zu lassen haben. Oft brauchen wir das sicher auch.

Deshalb hat Gott seinem Volk mit der Torah, den fünf Büchern Mose, eine gute „Wegweisung“ gegeben. So sollen wir leben; -

Aber: - Jesus hat sich und seinen Jüngern erlaubt, davon abzuweichen. Wir sind von Gott nicht geschaffen, um das Gesetz einzuhalten, uns zu unterwerfen, sondern Gott hat seine Gebote zu unserem besten gegeben. Und darum sagt Jesus seinen Jüngern und allen Menschen:

„**Ihr seid das Licht der Welt**“

Wir dürfen wissen:

Wir sind Gottes geliebte Kinder. Er schenkt uns seine Liebe.

Am Gebot der Nächstenliebe ist darum alles zu messen.

Wir haben die Freiheit, anders zu entscheiden als der Buchstabe des Gesetzes es sagt, - wenn wir damit dem Gebot der Liebe folgen.

Mittwoch, 9.8.2017 - Sonne der Gerechtigkeit

Gott lässt seine Sonne aufgehen über Gerechte und Ungerechte.

Manchmal ärgern wir uns darüber:

Warum geht es Menschen, die egoistisch sind, die so viel Böses tun, so gut? … Warum müssen die, die so viel Gutes tun, leiden? …

Immer wieder werde ich danach gefragt.

Und: - Ich habe keine einfache Antwort.

Ich habe auch schon so geklagt. Aber zugleich denke ich:

Gott zeigt uns damit, dass er uns alle nicht nur nach unserer Leistung beurteilt. Gott liebt uns alle, denn er hat alles geschaffen.

Er möchte, dass wir alle den richtigen Weg finden.

Darum sucht seine Liebe uns alle. Das ist seine Gerechtigkeit.

Mit einem der schönen alten Choräle unserer Kirche singen und bitten wir:

„**Sonne der Gerechtigkeit gehe auf zu unsere Zeit**“.

Das wünschen wir uns. Und dann bitten wir am Ende jeder Strophe:

„**Herr, erbarme dich!**“

Wir geben damit zu: Auch ich bin ja nicht nur gerecht, lieb und gut.

Ich habe meine Fehler, meine Ecken und Kanten.

Und darum bitte ich Gott: „Bring mich zu recht!“ und

„Beurteile mich nicht nur nach dem, was ich tue!“ „Sei mir gnädig!“

Donnerstag, 10.8.2017 - Sünde

Hand aufs Herz: Lassen Sie sich gerne auf Ihre Sünden ansprechen?

Ich nicht! ... Ich möchte gerne gut angesehen werden.

Ich möchte keinen Fehler machen.

Und doch weiß ich: - Ich mache jeden Tag Fehler.

Die meisten sind nicht groß, - aber wenn ich zurückblicke,

dann denke ich doch immer mal wieder:

Da hättest Du anders reagieren sollen.

Der Apostel Paulus sagt der Gemeinde in Rom:

„**Der Sünde Sold ist der Tod**“. Letztlich ist jedes Vergehen,

jedes Falschverhalten ein kleiner weiterer Sargnagel.

Wir vergehen; mit jedem Tag kommen wir dem Tod näher.

Das wissen wir alle. - Und was kann uns dann Halt und Hoffnung geben?

Paulus sagt: „**Die Gabe Gottes aber ist das ewige Leben in Christus Jesus, unserem Herrn.**“

Das weiß ich, weil ich getauft bin. Seit der Taufe gehöre ich zu Christus.

Mir gibt das jeden Tag neu die Kraft, mein Leben zu verändern, - dabei auch zugeben zu können, dass ich etwas falsch gemacht habe, neu zu beginnen; - denn ich weiß: Gott hat mich angenommen.

Und darum liebe ich auch unseren Gottesdienst der Vergebung.

Freitag, 11.8.2017 - Der Berg Zion

Es ist ein Trauerspiel, was wir in den Nachrichten immer wieder

aus Jerusalem und vom Tempelberg hören.

Dieser Berg, - der „Zion“ ist Juden, Muslimen und Christen heilig.

Der Tempel der Juden hat dort gestanden,

nun stehen dort zwei Moscheen. Jesus hat dort gewirkt und gepredigt.

Alle Menschen sollen dorthin ziehen, um von dort die Weisung Gottes zu erfahren. Der Prophet Jesaja, wie der Prophet Micha haben das in einer großartigen Vision so gesehen.

Alle Völker, nicht nur das eine Volk Gottes, sollen dorthin gehen.

Alle sollen dort willkommen sein.

Wir aber streiten uns; und ständig hören wir von Anschlägen.

Für mich ist darum an der Vision der Propheten der letzte Satz das Wichtigste:

„Kommt nun, ihr vom Hause Jakob,

lasst uns wandeln im Lichte des Herrn.“

Die anderen können wir nicht verändern.

Dass Einzelne vielmehr meinen, ihren Glauben, ihre Überzeugung und Lebensweise, anderen aufzwingen zu können, oder gar zu müssen,-

das ist immer wieder das Problem. Wir sind nicht dazu da, das Werk Gottes zu tun.

Wir können aber fröhlich unseren Glauben leben.

Lasst uns das jeden Tag neu tun.

15. Die fünfzehnte Woche (2.10. bis 6.10. 2017)

Eine weitere Woche mit dem Kirchenjahr: Erntedank

Montag, 2.10. 2017 - Erntedank

Wie halten Sie es mit dem „Tischgebet"?

In vielen Familien wird vor dem Essen nicht mehr gebetet.

Meine Konfirmand/inn/en wundern sich oft, wenn sie das erste Mal mitbekommen, dass bei uns in der Gemeinde jedes Mal vor dem Essen gebetet wird.

Eines der Gebete, das ich dann manchmal spreche, ist der Wochenspruch für das Erntedankfest, das wir Gestern gefeiert haben.

Dort heißt es im 145. Psalm:

„**Aller Augen warten auf dich, Herr,**

und du gibst ihnen ihre Speise zur rechten Zeit." (Psalm 145,15)

„Schön wärs" hat schon mal einer meiner Konfirmanden kommentiert.

Immer gibt es das Essen leider nicht zur rechten Zeit.

Bei uns hier in Deutschland natürlich schon; - bei uns gibt es meistens so viel, dass viel zu viel weggeworfen wird. Aber wie sieht das in armen Ländern aus? ... Da müssen Menschen, ja, da müssen Kinder verhungern; - das kann doch nicht Gottes Wille sein! Gott gibt uns unendlich viel. Doch wir verschwenden viel zu viel.

Wenn wir aber beten - vor dem Essen; jemand hat das mal das tägliche „Erntedankfest" genannt, dann gehen wir anders mit unserem Essen um.

Da bin ich ganz sicher.

Dienstag, 3.10.2017 - Deutsche Einheit

Wir feiern den „Tag der Deutschen Einheit".

Viele freuen sich aber auch nur über einen freien Tag.

Mir, der ich 1961 geboren wurde, im Jahr, in dem die Mauer in Berlin gebaut wurde, bedeutet dieser Tag mehr. Ich habe es erlebt, was es hieß, durch den Todesstreifen in die DDR einreisen zu müssen, durchsucht und bedroht zu werden, wenn man auch nur einen einzigen Pfennig seines Zwangsumtausches wieder mit aus der DDR ausgeführt hätte. … Ich habe mich bei meinen wenigen Besuchen in der DDR immer wie im Gefängnis gefühlt. Ich war darum nicht oft dort.

Aber ich habe die Menschen bewundert, die ständig Päckchen gepackt und geschickt, regelmäßig dorthin gefahren sind, obwohl sie solche Schikanen auch erlebt haben.

Sie haben den Kontakt mit den Menschen in der DDR nicht abbrechen lassen. Sie haben so manchen Hunger gestillt, für den es sonst nichts gegeben hätte.

Beim Propheten Jesaja heißt es im 58. Kapitel:

„Brich dem Hungrigen dein Brot …" (Jesaja 58,7)

Wenn uns dazu dieser Feiertag zumindest auch einlädt, dass wir abgeben, dass wir darauf achten, wer Hunger leidet, während es uns gut geht. – Dann wird sich Gott über uns freuen.

Mittwoch, 4.10.2017 - Feste feiern

Am Sonntag war Erntedank.

Wir alle haben viel, wofür wir nur danken können.

Darum ist das Erntedankfest ein fröhliches und beliebtes Fest.

Vor allem auf den Dörfern, aber auch bei uns, engagieren sich viele, um die Kirchen schön zu schmücken, ein schönes Fest zu feiern.

Für Bauern ist es darum schwer verständlich, dass Jesus im Evangelium einen reichen Bauern dafür kritisiert, seine alten Scheunen abzureißen, um größere Scheunen zu bauen. Man muss doch Vorräte für den Winter sammeln, dafür sorgen, dass nichts umkommt. Warum sagt Gott zu diesem Bauern:

„Du Narr! Diese Nacht wird man deine Seele von Dir fordern …"

(Lukas 12,20)

Das ist doch ungerecht!

Und doch hat Jesus recht! - Denn: Der Bauer sagt, so wie Jesus das erzählt: „Ich will alles für mich!“ Er will niemandem abgeben, er feiert kein Fest, gibt den Armen keinen Anteil an seiner Freude über das, was er alles erworben hat. Er sieht alles nur als „sein Eigentum“ an. Ich denke, - auch wir kranken nur zu oft an solchem Egoismus. Natürlich dürfen wir sparen! Natürlich können wir vorsorgen!

Aber erst einmal dürfen wir uns freuen und feiern, anderen Anteil geben an unserem Erfolg. Das macht das Leben viel schöner.

Donnerstag, 5.10.2017 - fröhliche Geber

Sonntag war Erntedank!

Immer wieder wird in der Kirche für andere gesammelt.

Manchen sind diese Kollekten lästig.

Warum soll ich meine Geldbörse zücken und abgeben?

Ich möchte mein Geld doch viel lieber für mich behalten.

Paulus hat bei seinen Gemeinden in Griechenland eine Kollekte durchgeführt für die Armen in Jerusalem. - Das haben nicht alle verstanden.

„Warum sollen wir für die etwas geben? – Die sollen doch für sich selber sorgen! – Arme gibt es bei uns doch auch genug!“

Manchmal höre ich das auch.

Und: - Ganz unrecht haben die Menschen damit nicht.

Aber dennoch lade ich immer wieder zum Abgeben ein; - gerade auch an Ferne und Fremde, die wir sonst so leicht vergessen.

Paulus sagt beim Werben für seine Kollekte der Gemeinde in Korinth:

„…**einen fröhlichen Geber hat Gott lieb.**“

Man kann niemanden dazu zwingen, abzugeben.

Ja: - Wir sollen es ganz sicher nicht widerwillig tun.

Teilen kann nur von Herzen kommen. Und das ist für uns selbst gut, denn es lässt uns fröhlicher werden, wenn wir anderen gerne schenken. Deshalb muss ich akzeptieren, dass es auch mal nichts gibt. Zugleich aber immer wieder dazu einladen!

Freitag, 6.10.2017 - Schätze

„Ich will Geld!“ – „Ach wenn ich doch nur reich wäre! …“

Manche leben nur, um Besitz anzuhäufen…

Sie wollen immer und immer mehr.

Darauf richten sie ihr ganzes Sinnen und Trachten.

Sie merken nicht, dass sie von all dem nichts mitnehmen können und: sich das, was wirklich zählt im Leben, damit auch nicht erkaufen lässt.

Jesus hat den Menschen gesagt:

„Denn wo dein Schatz ist, da ist auch dein Herz.“ (Matthäus 6,21)

Woran hängen Sie Ihr Herz? - Was ist Ihnen das Wichtigste im Leben?

Ich merke immer wieder, dass ich mich doch nur zu oft an vergängliche und irdische Dinge klammere, die mir wirkliches Glück nicht schenken können. Dennoch finde ich es vernünftig und beruhigend, nicht jeden Tag neu überlegen zu müssen: Wovon kann ich heute leben?

Ich bin dankbar, dass ich gut versorgt bin, mir keine Sorgen um das tägliche Brot machen muss. Deshalb sage ich mir selbst:

Du kannst abgeben! – Und:

Das tue ich gerne, solange ich nicht ausgenutzt werde.

Vor allem aber: Jeden Tag neu wende ich mein Herz von dem, was ich habe, zu Gott, der mir alles geschenkt hat.

16. Die sechzehnte Woche (19.2. bis 23.2. 2018)

Noch eine Woche im Kirchenjahr: Nach Invokavit in der Passionszeit

Montag, 19.2. 2018 - Versuchung

„Führe uns nicht in Versuchung“

So beten wir jeden Tag mit dem „Vater unser“, dem Gebet Jesu.

Was aber ist für Sie eine Versuchung? – Wie gehen Sie damit um?

Ich mache jedes Jahr bei der Aktion „Sieben Wochen ohne“ mit und verzichte dabei in der Passionszeit auf Schokolade, weil ich die so gerne esse; - , manchmal sicher auch etwas zu viel.

Ich merke dann schon, dass der Heißhunger auf ein Stück mich in dieser Zeit des Verzichtens in Versuchung bringen kann.

Meistens aber schaffe ich es doch ganz gut, der Versuchung zu widerstehen. Und dann schmeckt mir zu Ostern die Schokolade wieder so richtig gut, weil ich mich freue, dass ich es auch mal eine Zeit ohne sie ausgehalten habe.

Verzichten kann gut tun.

Und darum lade ich auch Sie ein: Verzichten Sie doch mal eine Zeit lang auf einen Luxus, von dem Sie meinen: Das geht doch gar nicht.

Dann beten Sie vielleicht auch wieder viel bewusster:

„Führe uns nicht in Versuchung!“

Dienstag, 20.2.2018 - Sein wie Gott

„In der Kirche wird immer von Sünde geredet! – Was tue ich denn schon groß Böses? – So schlecht bin ich doch gar nicht“ So habe ich schon oft gehört.

Viele schreckt es ab – wenn sie nach langer Zeit mal wieder in die Kirche kommen –, dass der Gottesdienst mit dem Sündenbekenntnis beginnt. Welche Sünden habe ich denn schon auf mich geladen? …

Ich habe niemand umgebracht, keine Ehe gebrochen oder groß etwas gestohlen… Und doch!

In der Bibel wird in der sogenannten Sündenfallgeschichte erzählt, dass die ersten Menschen nicht zufrieden damit waren, einfach auf Gottes Gebote zu hören. Sie wollten sein wie Gott, alles selbst entscheiden. In der Bibel heißt es, sie wollten wissen, was gut und böse ist. Sie wollten nicht nur das Gute denken.

So wie die Schöpfung ursprünglich ist.

Und wenn wir Menschen anfangen, das Böse zu denken, dann tun wir es irgendwann eben leider auch.

Und darin sind wir alle verstrickt. Schon kleine Kinder versuchen sehr genau, ihre Grenzen auszutesten. Wir wissen, das ist nicht richtig, und tun es doch. Und das bekennen wir Gott und bitten ihn um die Kraft, das Gute zu tun.

Mir tut das jeden Sonntag wieder gut.

Mittwoch, 21.2.2018 - Nachfolge

Können wir Jesus wirklich nachfolgen?

In der Passionsgeschichte wird von Petrus erzählt, dass er Jesus versprochen hat: **„Ich bin bereit, mit dir ins Gefängnis und in den Tod zu gehen!“**

Aber Jesus sagt ihm schon da:

„Ehe der Hahn kräht, wirst Du dreimal verleugnet haben, dass Du mich kennst!“

Und genauso kommt es dann auch.

Petrus sagt, als er angesprochen wird: **„Den kenne ich nicht!“**

Kennen wir das nicht auch alle: Wenn jemand über die Kirche lästert, sich über den Glauben lustig macht, - wer von uns widerspricht?

Wer tritt ein?

Es ist so viel leichter, sich zu verstecken.

Und genau das zeigt uns der Passionsbericht in aller Klarheit an den Jüngern und ganz besonders an Petrus: Wir laufen weg, lassen ihn allein. Und doch gibt Jesus uns nicht auf. Auch das wird gerade an Petrus ganz deutlich, denn im Evangelium sagt Jesus zu ihm:

„Ich habe für die gebetet, dass dein Glaube nicht aufhöre und wenn du dereinst dich bekehrst, dann stärke deine Brüder!“

Wer selbst schon mal schuldig geworden ist, kann andere ganz anders trösten und ihnen helfen. So leben wir als Christen miteinander.

Donnerstag, 22.2.2018 - Hoherpriester

Im Alten Israel durfte nur der Hohepriester das Allerheiligste betreten.

Er wendet sich für das Volk an Gott, tritt vor Gott für sein Volk ein.

Wir Christen haben das als Bild für Jesus übernommen.

Er hat mit Tod und Auferstehung schon den Himmel durchschritten und ist bei Gott angekommen. Er tritt dort vor Gott für uns ein.

Und ich kann von mir nur sagen: Es ist für mich ein großer Trost, dass Gott eben nicht nur ein unbestechlicher Richter ist, der der Welt seine Gesetze gegeben hat und erwartet, dass wir danach leben.

Ein solcher Richter kann uns vielmehr nur Angst machen.

Denn wir alle richten uns nicht immer nur nach Gottes Geboten. Wir leben nicht nur vorbildlich und richtig.

Wir werden schuldig.

Die Bibel weiß das. Offen werden die Fehler der Menschen angesprochen.

Aber Jesus tritt für uns ein. Er bittet für uns, vor Gott, seinem Vater.

Und darum hilft es mir, wenn ich über Gott nachdenke, mir Jesus und sein Leben für uns Menschen vor Augen zu stellen. So ist Gott.

Er sucht uns. Er will vergeben. Und darum:

An Jesus können wir uns wenden, wenn wir unsicher und ängstlich sind.

Freitag, 23.2.2018 - Zeit der Gnade

Warum ist die Welt nur so, wie sie ist?

Warum lässt Gott nur so viel Böses zu?

Immer wieder werde ich das gefragt. Und manchmal bohrt, das muss ich zugeben, diese Anfrage auch in mir selbst:

Warum lässt Gott es nur zu, dass so viele Kinder in den ärmsten Gegenden dieser Welt so elend sterben müssen.

Das ist doch nur schrecklich und ungerecht.

Und dann kommt der Apostel Paulus mit seiner Verkündigung des Evangeliums und sagt: „**Siehe jetzt ist die Zeit der Gnade, siehe jetzt ist der Tag des Heils**“

Paulus war kein Träumer, der alles mit einer rosaroten Brille sah.

Er hat selbst für seinen Glauben gelitten. Er ist letztlich als Märtyrer in Rom gestorben. Er wusste um das Leid.

Aber er wusste eben auch: Das einzige, was im Leid trägt, ist der Glaube. Das hat er in schmerzhaften Erfahrungen erlebt.

Das hat ihn im Gefängnis und in seinen Auseinandersetzungen getragen. Wir dürfen wissen: - Gott schenkt uns seine Gnade.

Das macht das Kreuz Jesu deutlich, dass er uns so liebt, dass er sein Leben für uns gab. Und das wollen wir in den nächsten Wochen wieder miteinander bedenken.

17. Die siebzehnte Woche (16.7. bis 20.7. 2018)

Eine weitere Woche mit den täglichen Losungen

Montag, 16.7. 2018 - Frieden

Frieden – Wir alle sehnen uns danach.

In der Welt aber können wir ihn nicht finden. Was wir im Fernsehen sehen oder im Radio hören, spricht eine ganz andere Sprache. Ich erschrecke dennoch jedes Mal wieder, wenn ich es höre: -

Krieg, Bürgerkrieg, Terror, Mord …Frieden? - er fehlt uns!

Warum sind wir Menschen nur so friedlos?

Darum höre ich die Losung des heutigen Tages erst einmal gerne:

„**Der Herr wird sein Volk segnen mit Frieden**" (Psalm 29,11)

Aber gleichzeitig frage ich mich: Ist das nicht nur ein frommer Wunsch?

Das Volk Israel gehört zu den am schlimmsten verfolgten Völkern.

Immer wieder wollten und wollen andere sie völlig ausrotten.

Und auch Christen gehören weltweit mit zu den am schwersten verfolgten Religionen. - In kommunistischen und muslimischen Ländern werden sie für ihren Glauben bedroht. Wo ist da Friede? – gerade für das Volk Gottes?

Wir Menschen können ihn nicht machen.

Aber wir dürfen wissen: - Gott will uns damit segnen.

Es ist Gottes Werk, wenn es Frieden für uns friedlose Menschen gibt.

Und deshalb können wir ihn nur immer wieder darum bitten.

Dienstag, der 17.7.2018 - Priester

„Sie haben doch den guten Draht nach oben!" –

So höre ich als Pastor immer wieder. Viele Menschen denken:

Ein Pastor hat einen direkteren Kontakt mit Gott als sie, kann da mehr erreichen, weil er Gott viel näher ist als sie. Aber so ist es nicht!

Wir dürfen vielmehr wissen: Wir alle sind durch unsere Taufe direkt mit Gott verbunden. Luther hat einmal gesagt:

„Alles, was aus der Taufe gekrochen ist, ist Priester, Bischof, Papst".

Als Getaufte gehören wir zu Gott.

Und deshalb können wir uns selbst im Gebet direkt an Gott wenden.

Wir brauchen niemanden, der für uns vermittelt.

Aber es ist schöner und einfacher, es gemeinsam zu tun; -

sich miteinander unter Gottes Segen zu stellen.

Schon im Alten Testament hat das Volk Israel darum die Verheißung bekommen, die als Losung über dem heutigen Tag steht:

„Ihr sollt mir ein Königreich von Priestern

und ein heiliges Volk sein." (2. Mose 19,6)

Wir alle sind heilig, - Priester, denn wir alle sind von Gott berufen.

Und darum können wir alle für andere vor Gott eintreten.

Manchmal nämlich hilft es, wenn ein anderer das für uns tut.

Mittwoch, der 18.7.2018 - Umkehr

„Alles ist gut! ... Du bist gut! ... Ich bin gut! …"

Manch einer sucht Halt und Trost darin, dass er sich das immer wieder sagt oder sagen lässt. Aber: - ganz zufrieden sind wir damit meistens doch nicht.

Denn wir wissen nur zu genau: - Es ist nicht alles gut!

Wir alle haben unsere Fehler.

Und deshalb ist die biblische und kirchliche Botschaft der Aufruf zur Umkehr oder „Buße". Es heißt in unserer heutigen Losung:

„Kehrt um, ihr abtrünnigen Kinder, spricht der Herr,

denn ich bin euer Herr! Und ich will euch holen und

will euch bringen nach Zion." (Jeremia 3,14)

Gott weiß genau, dass wir Menschen ihm immer wieder abtrünnig werden. Schon gleich am Anfang berichtet die Bibel davon, dass Adam und Eva Gott nicht gehorsam waren, Kain seinen Bruder Abel erschlug.

Und ein Blick in unsere Nachrichten und unsere Welt zeigt:

So sind wir Menschen!

Und deshalb ist der Ruf zur Umkehr, zur Abkehr vom Bösen, für uns alle immer wieder notwendig und heilsam!

Vor Gott dürfen wir zugeben, was auch bei uns nicht gut ist.

Und ihn um die Kraft bitten, umkehren zu können.

Donnerstag, der 19.7.2018 – In Gottes Hand

Was gibt Ihnen Halt? – Worauf verlassen Sie sich? –

Mir hilft da die tägliche Losung, das Lesen in der Bibel.

Ich denke so immer wieder neu darüber nach, wie Gott sich Menschen in ihrem Leben gezeigt und zugewendet hat.

Denn das ist uns in der Bibel ja überliefert. - Viele Menschen erzählen dort von ihren Erfahrungen mit Gott und dem Glauben.

Und die haben immer wieder erleben dürfen, dass Gott uns helfen und stärken will, - dass er uns seinen Segen schenkt.

In der Losung für den heutigen Tag heißt es darum:

„**In deiner Hand, Herr, steht es,**

jedermann groß und stark zu machen.“ (Chronik 29,12)

Groß und stark werden wir nicht durch das, was wir leisten.

Wir brauchen uns darum auch nichts darauf einzubilden.

Groß und stark werden wir durch Gottes Gnade, durch seinen Segen.

Alles, was wir haben und sind, ist Gottes Geschenk.

Wer das anerkennt, wird auf der einen Seite bescheiden, -

hat auf der anderen Seit aber zugleich keine Angst mehr.

Wir können der Welt voll Vertrauen entgegen gehen.

Wir sind ja – und bleiben es – in Gottes Hand!

Freitag, der 20.7.2018 – Anfechtung

Warum nur? - „Wie kann Gott das nur zulassen?“

Haben Sie auch schon so geklagt?

Ich kenne das von mir schon. Manchmal denken wir:

„Wo ist Gott denn nur? – Warum hilft er nicht mehr? –

Hat er uns gar verlassen? …“ Das kann sehr belasten.

In der Losung für heute sagt der Prophet seinem Volk:

„Ich will sie durchs Feuer gehen lassen und läutern

wie man Silber läutert, und prüfen, wie man Gold prüft.

Dann werden sie meinen Namen anrufen, und ich will sie erhören.“

(Sacharja 13,9)

Er macht sich damit klar: Die Nöte, die wir erleben, sind Prüfungen.

Gott will uns damit läutern wie Gold oder Silber.

Aber: - Ist das nicht ungerecht?

Warum tut Gott das? Als lieber Gott müsste er das doch anders machen. - Doch: - Wer sind wir, dass wir Gott vorschreiben, was er zu tun oder zu lassen hat? - Wir können das gar nicht.

Wir dürfen vielmehr anerkennen, dass es uns Kraft gibt,

wenn wir so – in den Nöten, die uns treffen und die uns Angst machen –

Prüfungen sehen, die uns deutlich machen:

Gott will uns durch sie zu sich führen.

18. Die achtzehnte Woche (19.11. bis 23.11. 2018)

Noch eine Woche im Kirchenjahr: Vorletzte Woche im Kirchenjahr

Montag, 19.11. 2018 - Richterstuhl Christi

„Ich mache, was ich will!“

Immer mal wieder höre ich das von Menschen, oder:

„Das kann mir doch niemand verbieten!“

Im Wochenspruch dieser Woche aber hören wir die Mahnung: **„Wir müssen alle offenbar werden vor dem**

Richterstuhl Christi.“ (2. Kor. 5,10)

Irgendwann müssen wir uns für das, was wir getan oder nicht getan haben, verantworten. Für mich ist das kein Droh-, sondern ein Trostwort, obwohl es für einige erst einmal drohend klingt.

Manche haben dies Wort in der Geschichte des Christentums leider auch dazu benutzt, sich selbst zu Richtern über andere aufzuschwingen.

Sie haben damit gedroht, dass man nur dann im Gericht bestehen könne, wenn man täte, was sie uns vorschreiben.

Wir müssen aber nicht im Gericht irgendwelcher anderen Menschen bestehen, sondern allein im Gericht Gottes.

Und wir selbst sollen, können und dürfen entscheiden, was wir vor Gott verantworten können. – Aber: Das sollen wir eben auch wirklich tun!

Kann ich das, was ich jetzt tue, wirklich vor Gott verantworten? Ich denke, wenn wir alle öfter mal wieder so fragen würden, dann sähe es in unserer Welt anders; - besser aus.

Dienstag, 20.11.2018 - Das Leiden der Kreatur

Wenn wir an die Nachrichten denken über die Verschmutzung unserer Weltmeere mit Plastik, - den Raubbau, den wir an unserer Natur betreiben, - das Aussterben so vieler Tierarten, dann kann einem Angst werden: … Wohin wird das wohl alles noch führen? ... In seinem Brief an die Römer sagt der Apostel Paulus:

„Denn das ängstliche Harren der Kreatur wartet darauf,

dass die Kinder Gottes offenbar werden.“ (Römer 8,19)

Die ganze Welt wartet auf Rettung, ja erwartet sie sehnsüchtig.

Auch die Schöpfung wartet auf Erlösung; - alle unser Mitgeschöpfe.

Wir aber können diese Rettung nicht einfach machen.

Ich denke, dass wir hier ein Stück Entlastung erfahren. Wir werden mit unseren klugen Programmen die Welt nicht retten. Aber wir dürfen dennoch jeden Tag neu das machen, was wir können. Und wir sollten alles tun, womit wir ernst nehmen, dass alle anderen Lebewesen um uns herum genauso Gottes Geschöpfe sind wie wir.

Dann nämlich werden wir offenbar als Gottes Kinder.

Weil wir anerkennen: - Nicht ich bin der „Macher“, - Nein, Ich lebe vielmehr ganz von der Gnade Gottes; - mit allen, die um mich herum auch von Gottes Gnade leben.

Mittwoch, 21.11.2018 - Buß- und Bettag

In der evangelischen Kirche feiern wir den Buß- und Bettag.

Für uns ist und bleibt er ein Feiertag.

Ursprünglich hatten die Fürsten mal darum gebeten, dass ihre Völker für sie fürbittend vor Gott eintreten. - So ist dieser Feiertag entstanden.

Damals waren sich die Herrschenden noch bewusst: Wenn ich regiere, gerate ich ständig in Gefahr, etwas falsch zu machen, schuldig zu werden.

Ich brauche darum die Fürbitte.

Unser Staat aber hat diesen evangelischen Feiertag zum staatlichen Feiertag gemacht, um ihn dann der Pflegeversicherung zu opfern.

Aber auch unsere Politiker brauchen es, dass wir für sie beten.

„Gerechtigkeit erhöht ein Volk,

aber die Sünde ist der Leute Verderben.“ (Sprüche 14,34)

Ich denke, wir alle können Beweise und Beispiele dafür auch in unserem Staat sofort entdecken, - und benennen. Wir sollten dann aber nicht einfach nur verurteilen und ablehnen, sondern vor Gott für diejenigen beten, die sich falsch verhalten.

Und: - Wir alle dürfen täglich neu für etwas mehr Gerechtigkeit eintreten.

Wir können unsere Stimme dafür erheben.

Und zugleich selbst umkehren, wo wir etwas falsch machen.

Wer bei sich selbst anfängt, kann andere viel effektiver ermahnen.

Donnerstag, 22.11.2018 - Das Recht Gottes

Man kann sich nur wundern, wie verbohrt Menschen oft bei einem einmal eingeschlagenen Weg bleiben; - obwohl sie selbst sogar darunter leiden. …

Ich habe mich so entschieden; - nun ziehe ich das bis zum Ende durch.

Das muss nicht sein!

Wir alle haben jederzeit die Möglichkeit, - uns zu ändern.

Wir können umkehren, wenn wir etwas als falsch erkannt haben.

Aber schon der Prophet Jeremia hat sich da über sein Volk gewundert und gesagt:

„Der Storch unter dem Himmel weiß seine Zeit, Turteltaube, Schwalbe und Drossel halten die Zeit ein, in der sie wiederkommen sollen; aber mein Volk will das Recht des HERRN nicht wissen.“ (Jeremia 8,7)

Dabei sind Gottes Gebote gar nicht schwer.

Sie leuchten unmittelbar ein, wenn wir über sie nachdenken.

Wenn man über die Zehn Gebote mit jemandem spricht, ist allen sofort klar: - Ich möchte nicht bestohlen, betrogen, verleumdet oder gar umgebracht werden; - ich will nicht, dass mir jemand den Partner, die Partnerin wegnimmt. -

Warum rede ich dann selbst schlecht über andere Leute? –

Warum nehme ich mir etwas, was mir nicht gehört?

Wenn wir anfangen, uns zu wundern, können wir umkehren.

Freitag, 23.11.2018 - Krone des Lebens

Wie soll ich leben? – Was soll ich tun?

Schon mehrfach sind mir in meinem Pfarramt Menschen begegnet, die sich ganz bewusst ein Wort aus der Offenbarung des Johannes als Konfirmationsspruch ausgesucht haben, mit diesem Wort gelebt haben:

„Sei getreu bis an den Tod,

so will ich Dir die Krone des Lebens geben.“ (Offenbarung 2,10)

Wir dürfen Gott treu sein. Und das heißt nicht, dass wir immer alles richtig machen, dass wir immer nur gut sind. Das kann keiner von sich behaupten.

Und das kann auch keiner schaffen.

Aber wir dürfen uns darum bemühen. Und darum können wir täglich neu zu Gott umkehren, indem wir uns fragen:

„Was ist jetzt richtig? – Wie sollte ich jetzt handeln?“

Wenn wir so täglich neu fragen, wenn wir deshalb bereit sind, zu Gott umzukehren, bin ich gewiss, dass er auch uns die Krone des Lebens geben wird; - und zwar nicht erst am Ende der Zeit, wenn wir vor seinem Richterstuhl stehen, sondern schon jetzt und hier.

Ich habe großen Respekt vor Menschen, die einen Irrtum oder Fehler zugeben können, anders handeln als früher und sich immer wieder bereit sind zu fragen:

Wie kann ich jetzt und hier mit meinem Leben Gott dienen?

19. Die neunzehnte Woche (18.3. bis 22.3. 2019)

Noch eine Woche in der Passionszeit mit den Losungen

Montag, 18.3. 2019 - Fasten

„Sieben Wochen ohne …"

Ich mache in jedem Jahr bei dieser Aktion unserer evangelischen Kirche mit. Ich verzichte sieben Wochen lang auf Schokolade, obwohl ich sie sehr gerne mag. - Das ist gar nicht so einfach. Man merkt dann schnell, wie leicht man verführbar ist.

Sieben Wochen ohne „lügen" heißt es in diesem Jahr.

Aber auch: Sieben Wochen „ohne Verschwendung"- beim Klimafasten.

Denn diese Aktion ist so erfolgreich, dass auch andere mit ihren guten Anliegen aufspringen und uns zu einer Veränderung des Lebens aufrufen.

„**Weh denen, die unrechtes Urteil schreiben, um die Sache der Armen zu beugen und Gewalt zu üben am Recht der Elenden**!" (Jesaja 10,1-2)

So ruft uns, bzw. seinem Volk, der Prophet Jesaja in der Losung für den heutigen Tag zu. Wir haben uns schon daran gewöhnt, dass die Sache der Armen gebeugt wird, Reiche immer reicher und die Armen immer ärmer werden.

„So ist das eben!" – sagen viele resigniert.

Aber so muss es nicht sein.

Wir können uns für das Gute einsetzen, indem wir selbst verzichten und anderen Gutes tun. „Das ist doch nichts!" – werden manche sagen. Aber: -

Wenn wir nicht damit anfangen, - ändert sich wirklich nichts.

Dienstag, 19.3.2019 - Israel

Was gibt Ihnen Halt? – Warum machen Sie weiter?; - Geben nicht auf?

Als Christ sage ich: „Weil ich Hoffnung habe, dass nicht alles so bleibt, wie es ist! – Gott gibt sein Volk nicht auf!“

Ich sehe wohl, dass es in unserer Welt große Ungerechtigkeiten gibt, dass vieles nicht so läuft, wie es sollte. Das Volk Israel hat das in seiner Geschichte oft erleben müssen. Sie haben alles verloren, Land, Selbständigkeit, Freiheit.

Sie mussten ins Exil, in die Fremde, - zerstreut unter Menschen, die sie nicht mochten, die sie verfolgt und abgelehnt haben.

Im Exil in Babylon hat sie ein uns unbekannter Prophet getröstet.

Er hat ihnen mit der Losung für den heutigen Tag gesagt:

„Dann werden alle Menschen erkennen:

Ich, der Herr, der starke Gott Jakobs,

bin dein Retter und dein Befreier.“ (Jesaja 49,26)

Alle Menschen sollen und werden das erkennen.

Gott ist nicht nur für sein Volk da. Aber er verlässt sein Volk auch nicht.

An seinem Umgang mit seinem Volk werden vielmehr alle erkennen. Gott ist ein Retter und Befreier!

Und darum können wir hoffen: Er wird auch mich retten und befreien.

Das schenkt Kraft, jeden Tag neu aufzubrechen.

Mittwoch, 20.3.2016 - Gebote

Tu dies! … Lass jenes! … Überall wird uns gesagt, was wir tun und lassen sollen. „Ich will aber selbst bestimmen, was ich tue und lasse!“

So haben wir sicher alle mal gegen die Regeln unserer Eltern aufbegehrt. Und doch haben wir dann nur zu oft in späteren Jahren gemerkt:

So unrecht hatten die Eltern gar nicht. Ihre Ermahnungen waren sinnvoll.

Die Eltern wollten uns damit vor schlechten Erfahrungen bewahren.

Mose gibt seinem Volk mit den Zehn Geboten darum Regeln, die ihnen helfen sollen, mit dem Leben zurechtzukommen.

Und das Volk verspricht auch, wie es in der heutigen Losung heißt:

„Alles, was der Herr gesagt hat, wollen wir tun und darauf hören.“ (2. Mose 24,7)

Aber geschafft haben sie es nicht.

Mit dem Tanz um das Goldene Kalb haben sie gleich nach der Rettung aus Ägypten gezeigt: - Sie können Gott nicht treu bleiben.

Und ich denke, auch wir merken es immer wieder in unserem Leben: Wir sind Gott nicht absolut treu.

Aber damit schaden wir uns nur selbst. -Nicht Gott! -

Der aber sorgt dennoch weiter für uns; - und lädt uns ein: Kehrt um! Hört auf meine Gebote! Denn es tut Euch selbst gut!

Donnerstag, 21.3.2019 - Traurigkeit

Manchmal bin ich traurig und niedergeschlagen.

Es gibt Tage, da fällt es mir einfach schwer, aufzustehen. …

Ich sehe alles nur trübe und frage mich:

„Warum sollte ich mich den bemühen?“

„Es klappt ja doch so vieles nicht!“ „Es geht ja doch alles schief!“

Und dann tut es mir gut, wenn ich in den Psalmen lese.

Da sind die Gebete des Volkes Israel gesammelt. Viele Erfahrungen, die Menschen mit Gott und ihrem Glauben gemacht haben.

Auch sie hätten manchmal fast aufgegeben.

Aber sie haben doch weitergemacht, weil sie die Hoffnung hatten:

„Der HERR richtet auf, die niedergeschlagen sind.“ (Psalm 146,8)

So sagt der Beter des 146. Psalms voll Vertrauen über Gott.

Wir dürfen glauben, dass Gott uns täglich neu aufrichtet.

Und wenn wir das glauben, dann können wir auch selbst aufstehen.

Dann müssen wir uns nicht hängen lassen. Dann können wir neu in den Tag und an die Aufgaben gehen, die er uns stellt.

Mir schenkt das den Mut, immer wieder neu aufzubrechen.

Und das wünsche ich Ihnen auch für diesen Tag und alle weiteren Tage Ihres Lebens.

Freitag, 22.3.2019 - Hoffnung

„Was tut Gott denn für mich?"

„Wo hilft er denn?" – Kennen Sie diese Fragen auch?

Wenn Schlimmes in der Welt passiert, dann fragen Menschen immer wieder: „Wie kann der liebe Gott das nur zulassen?"

Mich lässt das auch erschrecken.

Aber zugleich und dennoch halte ich am Glauben an Gott fest.

Und das tue ich, weil ich mit den Betern der Psalmen Gott auffordern darf und kann, für uns einzutreten.

Mit der Losung für den heutigen Tag dürfen wir ihm sagen:

„Lass deine Diener dein mächtiges Handeln erleben,

über ihren Kindern lass deine Herrlichkeit sichtbar werden."

(Psalm 90,16)

Auch wenn es jetzt noch nicht so ist.

Gegen allen Augenschein dürfen wir glauben, vertrauen und hoffen.

Wir können die Welt nicht retten. Aber Gott kann es und wird es tun.

Das lässt mich hoffen und das machen, was ich kann.

Auch wenn die Welt mir mit ihrem ständigen Werden und Vergehen nur zeigt, wie vergänglich und flüchtig alles menschliche Leben ist, so vertraue ich doch darauf: Gott lässt uns sein mächtiges Handeln erleben.

Seine Herrlichkeit wird über uns sichtbar werden.

Deshalb gebe ich nicht auf.

20. Die zwanzigste Woche (24.6. bis 28.6. 2019)

Eine Woche zu besonderen Tagen der Erinnerung

Montag, 24.6. 2019 - Taufe Jesu

Heute ist Johannestag, der Tag Johannes des Täufers.

Genau ein halbes Jahr nach und vor Weihnachten denken wir an den, der Jesus damals im Jordan getauft hat.

Aber wir denken nicht nur an ihn, sondern an das, was er getan hat.

In dieser Taufe hat Jesus es für sich erlebt: „**Gott ruft mich!**"

Denn als er aus dem Wasser stieg, sah er den Himmel über sich offen, den Geist wie eine Taube auf sich herabfahren und hörte eine Stimme, die sagte:

„**Dies ist mein lieber Sohn, an dem ich Wohlgefallen habe.**" (Matthäus 3,17)

Mit seiner Taufe ist Jesus von Gott berufen.

Der Evangelist Markus erzählt darum – wie auch Johannes – keine Weihnachtsgeschichte, nichts von der Geburt Jesu, sondern beginnt sein Evangelium mit der Taufe. Und auch wir alle dürfen das als Christen für uns und unser Leben wissen: - Mit der Taufe hat Gott auch uns berufen.

Er kennt auch mich durch und durch. Ich bin in seiner Gnade gehalten und geborgen. Diese Gewissheit hat Jesus durch sein Leben begleitet; - und auch im Sterben Halt und Kraft gegeben. Und das kann und soll auch bei uns so sein.

Ich wünsche es Ihnen von Herzen!

Dienstag, der 25.6.2019 - Bekenntnis von Augsburg

Heute ist der Gedenktag der Augsburgischen Konfession.

Philipp Melanchthon hat 1530 mit diesem Werk auf dem Reichstag in Augsburg vor Kaiser Karl dem V. deutlich gemacht, dass die Evangelische Kirche christliche Kirche auf dem Boden des Reichsrechtes ist, - zum Heiligen Römischen Reich Deutscher Nation gehört.

Mit diesem Bekenntnis war die Evangelische Kirche lange Zeit anerkannt.

Viele Kirchen nennen sich darum auch heute noch ganz bewusst in ihrem Namen: „Evangelische Kirche AB“, „Augsburgischen Bekenntnisses“.

In vielen Ländern kann Ihnen das begegnen.

Und wenn Sie dieses Bekenntnis mal lesen, können Sie dort viele gute Gedanken finden, die uns auch heute noch für unser Leben in den Kirchen helfen.

In der Losung des heutigen Tages sagt der Beter des 119. Psalms:

„Ich rede von deinen Zeugnissen vor Königen

und schäme mich nicht.“ (Psalm 119,46)

Wie oft schämen wir uns, vor anderen offen über den Glauben zu sprechen, über das, was uns Halt gibt, Kraft, Mut und Zuversicht.

Ich freue mich, dass unsere Väter und Mütter im Glauben, sich nicht gescheut haben, auch vor den Mächtigen das Wort zu erheben und sich zum Glauben zu bekennen.

Mittwoch, der 26.6.2019 - Angst

Heute vor 74 Jahren wurde die UNO gegründet.

Nach den Erfahrungen zweier schwerer Weltkriege sollte es durch die Zusammenarbeit aller Völker und Länder zum Frieden kommen, zu einer Verständigung, die weitere Kriege verhindert.

Dennoch ist es in der ganzen Geschichte seither immer wieder zu Kriegen gekommen. Und manchmal hat man auch heute den Eindruck, dass unsere Welt wieder auf einen Krieg zurast, - so wie die Mächtigen einander drohen, - Verträge für nichtig erklären und sich über Absprachen hinwegsetzen …

Mir jedenfalls macht es Angst, was wir jeden Tag aus den Nachrichten hören.

Und darum gibt es mir Kraft, zu wissen:

So ist es schon vielen vor mir auch gegangen.

In der Losung des heutigen Tages sagt der Beter darum dennoch voll Vertrauen zu Gott: “**HERR, sei mir gnädig, denn mir ist angst.**“ (Psalm 31,10)

Wir dürfen zu unserer Angst stehen. Wir dürfen sie benennen.

Das hilft oft schon eine ganze Menge, um ruhiger und zuversichtlicher zu werden. Ich muss das jedenfalls von mir sagen.

Es gibt mir Kraft, wenn ich nach schlechten Nachrichten innehalte, alles vor Gott bringe, ihn um seine Gnade bitte. Versuchen Sie es doch auch einmal!

Donnerstag, der 27.6.2019 – Wiedervereinigung

Heute vor 28 Jahren wurde die EKD wiedervereint.

Durch die Trennung der beiden deutschen Staaten und den Kalten Krieg gab es lange zwei Deutsche Evangelische Kirchen, obwohl die Kirche sich sehr darum bemüht hat, die Verbindung auch weiterhin zu halten.

Viele von uns kennen noch die Partnerschaften, die unsere Gemeinden aus dem Westen mit Gemeinden in der DDR hatten.

Aber es war schwierig, hin und her zu fahren.

So mancher kann noch heute von den Strapazen des Wartens und Durchsuchtwerdens an der Grenze erzählen, wie man gedemütigt wurde und sehr vorsichtig sein musste, welche Zeitungen oder Zeitschriften man dabei hatte; - was man sagte …

In diesem Jahr ist die Mauer zwischen den zwei deutschen Staaten schon länger nicht mehr da, als sie je gestanden hat.

Als Christen wissen wir es eigentlich: Wir können und dürfen Hoffnung haben. Nichts wird bleiben wie es war. Gott wird alles zum Guten fügen. In der Losung des heutigen Tages sagt das der Prophet Jesaja so:

“Gott spricht: Von nun an lasse ich dich Neues hören
und Verborgenes, das du nicht wusstest.“ (Jesaja 48,6)

Freitag, der 28.6.2019 – Erinnerung

Heute vor 105 Jahren wurde Franz Ferdinand von Österreich, der Thronfolger, in Sarajevo ermordet. Mit diesem Attentat begann der erste Weltkrieg, der viele Menschen das Leben gekostet und Europa und die Welt verändert hat.

Unzählige Menschen haben durch diesen Krieg das Vertrauen in die Menschheit und sogar in die Aufklärung verloren, weil auch viele Gebildete begeistert in den Krieg gezogen sind.

Als Theologiestudent hat es mich begeistert, zu erfahren, wie junge Theologen gegen ihre liberalen Lehrer, die alles gut geheißen haben, was der Kaiser getan hat, aufbegehrt haben und dafür eingetreten sind, wieder ganz dem Wort Gottes zu folgen.

Karl Barth aus der Schweiz und Rudolf Bultmann aus Oldenburg gehörten zu diesen damals jungen Theologen.

Und ich denke, wenn wir in die Geschichte zurück blicken, dann müssen wir erkennen, was schon das Volk Israel in seiner Geschichte lernen musste:

Wir müssen täglich neu umkehren zu Gott, zum Hören auf sein Wort.

In der heutigen Losung sagt das der Nachfolger des Mose in der Führung Israels, Josua, auf dem Landtag in Sichem so:

„Auch wir wollen dem HERRN dienen,

denn er ist unser Gott.“ (Josua 24,18)

Nicht Menschen wollen wir folgen, sondern alleine Gott.

21. Die einundzwanzigste Woche (12.8. bis 16.8. 2019)

Eine Woche mit den täglichen Losungen

Montag, 12.8. 2019 - Sonne

Wie geht es Ihnen mit so viel Sonne im Sommer? …

Ich muss zugeben, dass ich mich an der Sonne freue.

Auch wenn es manchmal schon zu viel ist. …

Aber: - Wenn ich morgens aufstehe, die Sonne scheint, dann bin ich gleich fröhlicher.

Ich weiß natürlich, dass wir den Regen brauchen.

Aber wenn es morgens trüb und dunkel ist, schlägt das auf meine Stimmung.

Bei Sonnenschein dagegen geht es mir gleich besser.

Diese Woche im Sommer steht unter der Losung:

„**Wandelt als Kinder des Lichts**" (Epheser 5,8b)

Für uns Christen ist Jesus wie die Sonne. Er erwärmt, erhellt und erfreut uns in unserem Leben. In und an ihm erfahren wir die Liebe Gottes, wie Gott uns Menschen trägt; - auch durch die dunkelsten Zeiten.

Und weil diese Sonne in unserem Leben aufgegangen ist; darum können wir für andere zum Licht werden. Wir dürfen von der Liebe, die wir selbst erfahren haben, anderen weitergeben.

Das wünsche ich uns für diese Sommerzeit, dass wir diese Erfahrung machen dürfen: Andere erhellen uns und unser Leben. Und: - Wir selbst dürfen so für andere da sein:

„**Wandelt als Kinder des Lichts; die Frucht des Lichts**
ist lauter Güte und Gerechtigkeit und Wahrheit." (Epheser 5,8b.9)

Dienstag, 13.8.2019 - frisches Wasser

In diesen Sommertagen merkt man es wieder ganz besonders: -

Frisches Wasser tut gut. Wenn ich mitten in der Arbeit merke, dass ich angestrengt bin, dass es mir nicht so gut geht, dann brauche ich oft nur ein Glas Wasser, und - schon geht es mir besser. Versuchen Sie das doch auch einmal.

In der Losung für den heutigen Tag sagt der Beter im berühmten 23. Psalm von und über Gott:

„Er weidet mich auf einer grünen Aue und führet mich zum frischen Wasser. Er erquicket meine See.“ (Psalm 23,2-3)

Israel ist ein heißes Land. Und da erlebt man es im Sommer jeden Tag.

Es ist eine Wohltat, frisches Wasser trinken zu können.

Sofort kommen alle Lebensgeister zurück.

Wir werden lebendig und fröhlich; - „erquickt“, wie der Beter sagt.

Weil wir viel Wasser haben, gehen wir allerdings oft leichtfertig damit um.

„Wir haben es ja!“ ... Es kommt immer weiter frisches Wasser aus unserem Wasserhahn. Wir vergessen deshalb nur zu leicht, was für ein Geschenk das ist.

Ich bin dankbar, dass ich jederzeit frisches Wasser trinken kann.

Und ich nehme es mir deshalb jeden Tag neu vor:

Geh achtsam damit um! - Es ist ein kostbares Geschenk!

Mittwoch, 14.8.2019 - Umkehr

Am liebsten sind mir Menschen, die mich bestätigen.

Ich höre es gerne, dass ich gut predige, dass ich ein freundlicher Seelsorger bin, - dass ich so viel mache … Solches Lob geht runter wie Öl. Das hört man gerne! ...

Das baut einen auf. …

Aber die wahren Freunde sind die, die auch mal zurechtweisen,

die einem sagen: Das ist nicht richtig, was Du da machst!

In der heutigen Losung sagt der Prophet Zephanja seinem Volk im Namen Gottes:

„Mich sollst du fürchten und dich zurechtweisen lassen.“ (Zephanja 3,7)

Es tut uns gut, wenn wir uns zurechtweisen lassen, auf Kritik hören.

Dazu muss diese Kritik allerdings unter vier Augen und freundlich mitgeteilt werden. Wenn jemand uns vor allen, - in aller Öffentlichkeit - kritisiert und schlecht macht, dann können wir solche Zurechtweisungen kaum oder gar nicht annehmen und akzeptieren; - dann verteidigen wir uns gegen solche Angriffe.

Aber wenn uns jemand freundlich ermahnt und dabei zurechtweist, dann tut uns das gut, weil wir die Möglichkeit erhalten, etwas anders zu machen, -

„umzukehren", wie es in der Bibel heißt.

Gott ist so für uns da. Und darum gebührt ihm unsere Ehrfurcht.

Donnerstag, 15.8.2019 - Freudenbote

Warum bist Du Pfarrer geworden? –

Was gefällt Dir an Deinem Beruf? … Immer mal wieder fragen mich Menschen so. Und dann kann ich nur sagen:

Ich finde es schön, dass ich mit der Botschaft der Bibel Menschen trösten darf,

ihnen helfen kann, in den Nöten dieser Welt nicht aufzugeben.

Im Exil in Babylon hat ein unbekannter Prophet seinem Volk das mit diesen Worten der heutigen Losung so gesagt:

„Wie lieblich klingen die Schritte des Freudenboten auf den Bergen,

der Frieden verkündet, der gute Botschaft bringt,

der Rettung verkündet, der zu Zion spricht:

Dein Gott ist König geworden!" (Jesaja 52,7)

Als Pfarrer darf ich Menschen in vielen Situationen ihres Lebens begleiten. Und dabei kann ich eben immer wieder auch trösten und

den Menschen die gute Botschaft weitersagen.

Schlimmes hören wir in den Nachrichten sowieso ständig.

Katastrophenmeldungen breiten sich rasant aus.

Aber daran muss ich mich nicht auch noch beteiligen.

Ich darf Menschen verkünden, dass Gott für sie da ist.

Gott ist König geworden, heißt doch: Er ist auch für Dich da! – Gerade auch für Dich! Gottes Herrschaft bricht an. Noch herrscht manche Finsternis.

Aber: Das Licht des Heils kommt!

Freitag, 16.8.2019 - Schutz Gottes

Was lässt Sie fröhlich ans Werk gehen?

Warum stehen Sie auf und verkriechen sich nicht einfach?

Sie haben doch sicher auch schon Tage erlebt, an denen alles schief läuft, - nichts so klappt, wie Sie wollten … Manchmal könnte man verzweifeln.

Aber dann steht man doch auf, weil man weiß:

Ich habe liebe Menschen, die mich brauchen,

ich habe eine Aufgabe, … Das ist ganz wichtig!

Aber für mich das Wichtigste ist: - Ich weiß:

Gott hat mir diesen Tag geschenkt, - er hat mir das Leben geschenkt.

Ich kann darum fröhlich aufbrechen, weil ich weiß, wie der Prophet Jesaja in der heutigen Losung im Namen Gottes seinem Volk verspricht:

„Ich der HERR, behüte den Weinberg

und begieße ihn immer wieder.

Damit man ihn nicht verderbe,

will ich ihn Tag und Nacht behüten.“

(Jesaja 27,3)

Wir dürfen es für unser Leben wissen:

Gott will nicht, dass wir verderben. Er behütet uns Tag und Nacht.

Er macht allerdings nicht einfach alle unsere Fehler wett.

Er lässt uns schon so manche Folgen unserer Taten tragen.

Aber wir dürfen dennoch wissen:

Gott sorgt für uns, wie ein Weinbauer für seinen Weinberg.

Wir sind ihm wichtig. - Das schenkt Kraft!

22. Die zweiundzwanzigste Woche (25.11. bis 29.11. 2019)

Eine Woche nach dem Ewigkeitssonntag mit den Losungen

Montag, 25.11. 2019 - Bund

Was verbinden Sie mit Gott?

Glauben Sie an ihn oder interessieren Sie sich gar nicht für ihn?

Heute gibt es viele Menschen, die leben ihr Leben, ohne dabei über Gott nachzudenken. Ich kann mir das gar nicht vorstellen.

Ich kann mir eine Welt ohne Gott gar nicht denken. Jeder Sonnenstrahl, jeder Tautropfen, jedes Lächeln, das mir begegnet, ist für mich ein Geschenk Gottes.

Und darum stellt mich jeder Tag, den ich lebe vor die Frage:

„ Wie hältst Du es mit Gott?"

In der Bibel berichtet das Alte Testament von dem Urvater des Volkes Israel, das sich Gott ja als sein Volk erwählt hat, von Abraham, wie er Gott gehorsam gelebt hat, aus dem Vaterland aufgebrochen ist, große Strapazen auf sich genommen hat.

Aber auch er hat längst nicht immer alles richtig gemacht.

Er hat nicht nur auf Gott gehört und darum wird auch er ermahnt und das Wort soll uns als Losung durch diesen heutigen Tag begleiten:

„**Gott sprach zu Abraham: Du aber, halte meinen Bund,**

du und deine Nachkommen, von Generation zu Generation." (1. Mose 17,9)

Israel hat sich immer darum bemüht. Und auch wir dürfen uns jeden Tag neu dazu aufrufen lassen, Gottes Bund zu halten.

Dienstag, 26.11.2019 - Weg zum Leben

Wie entscheiden Sie sich, was Sie tun wollen? ...

Ich muss zugeben, dass ich manchmal sehr im Zweifel bin, was denn wohl der richtige Weg ist. Ich lese darum gerne in der Bibel, nicht um sie wie ein Gesetzbuch zu benutzen, in dem Gott mir genau vorschreibt, was ich in jeder Situation zu tun habe. So ist Gott nicht.

Er ist kein unbarmherziger Herrscher, der unseren bedingungslosen Gehorsam verlangt. Er geht mit seinem Volk, rettet immer wieder, obwohl wir von ihm abfallen, und er sucht nach den Verlorenen.

Deshalb erzählt die Bibel Geschichten von Menschen, die das immer wieder neu in ihrem Leben erfahren haben. Und darum dürfen wir mit dem Psalmbeter und der heutigen Losung voll Vertrauen zu Gott sagen:

„Du tust mir kund den Weg zum Leben.“ (Psalm 16,11).

Gott gibt uns, was wir zum Leben brauchen.

Ja, noch viel mehr. Er hilft uns, dass wir den Weg zum Leben finden.

Sein gutes Wort gibt uns täglich neu Mut, als seine Kinder zu leben, zu ihm und seinen Wegen umzukehren und so auch miteinander und füreinander zu leben.

Denn auch die anderen, die mir so begegnen, sind Gottes Kinder.

Mittwoch, 27.11.2019 - Heilige

Wie geht es Ihnen, wenn wir in der Kirche das Glaubensbekenntnis beten und dabei von der „Gemeinschaft der Heiligen“ sprechen?

Zählen Sie sich dazu? … Oder haben Sie eher die Frage:

„So heilig bin ich doch gar nicht!“ – Heilige, das sind doch die ganz besonders Frommen, die, die alles richtig machen; - oder?

In der Losung des heutigen Tages werden wir aufgefordert:

„Ihr sollt heilig sein, denn ich bin heilig,
der HERR, euer Gott.“ (3. Mose 19,2)

Wir gehören zu den Heiligen! Wir werden hier dazu aufgefordert.

Aber zugleich wird es uns auch zugesprochen. Denn es wird nicht gesagt:

Ihr sollt heilig sein, weil ihr dieses oder jenes tut.

Sondern: Wir sollen heilig sein, weil Gott heilig ist.

Zu ihm gehören wir. Wir sind sein. Das ist uns mit unserer Taufe zugesprochen.

Gott hat uns erwählt. Und darum können wir gar nicht anders:

Wir sind heilig, weil er ja heilig ist, zu dem wir gehören.

Weil wir aber dann feststellen: So gut, wie wir leben sollten, leben wir nicht:

Darum dürfen wir fröhlich jeden Tag neu zu ihm umkehren.

Darum reden wir Christen von der Freude der Buße.

Donnerstag, 28.11.2019 - Gebet

Warum beten Sie? – Oder tun Sie es vielleicht gar nicht mehr?

Ich höre immer wieder davon, dass Menschen aufhören zu beten,

weil sie von Gott nichts mehr erwarten.

Wir können Gott mit unseren Gebeten ja auch zu nichts zwingen, was er nicht will. Wir können ihn nur immer wieder bitten, uns zu helfen, uns beizustehen und zu retten.

Wenn wir nämlich auf uns selbst schauen, auf das, was wir so machen, dann können wir alle nur zugeben: Wir machen immer wieder Fehler.

Und genau deshalb dürfen wir mit der heutigen Losung mit dem Psalmbeter rufen:

„**Wende dich, HERR, und errette meine Seele,**

hilf mir um deiner Güte willen!“ (Psalm 6,5)

So können wir zu Gott rufen!

Er ist gütig. Er will nicht, dass wir verderben und vergehen.

Deshalb können wir ihn jeden Tag neu um seine Rettung bitten.

Wenn ich in unsere Welt schaue, auf all das, was uns da an Krieg, Terror, Not und Schuld Angst machen kann, dann gibt mir das ganz viel Kraft.

Ich darf mit allen meinen Fehlern, die ich schon gemacht habe,

dennoch so zu Gott reden, ihn so bitten: Rette meine Seele!

Er wird es tun.

Freitag, 29.11.2019 - Erbarmen

Wie stellen Sie sich Gott vor? – Gar nicht?

Ein Bild sollen wir uns nicht machen. Es gibt das Bilderverbot in der Bibel: -

„Du sollst dir kein Bild machen …“

Aber dennoch denken wir immer in Bildern; - auch von Gott:

König, Herrscher, Burg, Fels, … Es gibt so viele Bilder.

Für mich das schönste Bild, ist das Bild, das Jesus uns mit dem „Vaterunser“,

seinem Gebet nahegelegt hat: Gott ist wie ein Vater, wie Eltern, für uns da.

Schon im 103. Psalm hat das der Psalmbeter so voll Vertrauen zu Gott mit der heutigen Losung gesagt:

„Wie sich ein Vater über Kinder erbarmt,

so erbarmt sich der HERR über die, die ihn fürchten.“

(Psalm 103,13)

Kinder wissen es: Sie können mit allem zu ihren Eltern kommen.

Die schimpfen sicher auch mal, - sind schon mal streng, aber sie sind und bleiben für uns da. Sie geben uns nicht auf, auch wenn wir uns falsch verhalten.

Die Tür des Elternhauses bleibt normalerweise immer offen für die Kinder.

Und das sollen und dürfen wir so auch von Gott wissen: -

Er ist uns bleibt für uns da. Zu ihm können wir umkehren.

Inhaltsverzeichnis

Inhaltsverzeichnis

Printed by Books on Demand GmbH, Norderstedt / Germany